Genießen in Bayern

Essen, trinken, zünftig feiern

Alexander Herzog

Rezepte:
Klaus Dill | Tobias Eisele | Leopold Schuster | Thomas Thielemann

SEEHAMER
VERLAG
Garantiert gut

Inhalt

PAULANER
Spezi

Bierland Bayern

„... zarter Rosenduft und feinstes Zedernholz, dazu herbe Kräuter und ganz hinten doch noch feine Fruchtaromen. Am Gaumen überwiegt die Begeisterung: Feinste Nuancen, verspielte Aromen und eine faszinierende Länge.“

Lobpreisungen in dieser Art kannte man bislang lediglich vom Wein. Geht es nach Bernhard Sitter und anderen bayerischen Bierkennern, ist es höchste Zeit, dass auch Bier eine entsprechende Würdigung erfährt. Sitter ist Wirt und Brauer im Bayerischen Wald – und Deutschlands erster „Bier-Sommelier-Wirt“! Erworben hat er sich diesen Titel bei der renommierten Brau-Akademie Doemens in Gräfelfing bei München. „Bier“, so der Sommelier, „ist ein mindestens ebenso vielschichtiges Getränk wie Wein. Aber mit viel größeren Möglichkeiten, Sorten auszubilden.“

Das Bayerische Reinheitsgebot von 1516, eines der ältesten deutschen Lebensmittelgesetze, scheint diese Aussage nur auf den ersten Blick einzuschränken: „... *darf nichts verwendet werden außer Wasser, Hopfen und Malz* ...“ Bierbrauen scheint demzufolge recht einfach zu sein. Wasser und Malz wird aufgekocht (Maischen genannt) und unter Hinzugabe von Hopfen auf 75 °C erhitzt.

Anschließend wird der Sud „ausgeschlagen“: Schwebstoffe sowie Eiweiß werden ausgefiltert, ehe der gekühlten Würze passende Hefen zugesetzt werden, die dann die alkoholische Gärung auslösen.

Bier lässt sich grob in zwei Arten einteilen: in *Untergärige* und *Obergärige*. Bei den untergärigen Bieren wie *Helles* oder *Pils* setzt sich die Hefe im Gärtank am Boden ab, bei den obergärigen wie *Weizenbier* steigt sie nach oben. Damit zu tun hat auch die Erkenntnis, dass die runden Gärtanks tunlichst nicht zu hoch, sondern lieber weiter im Durchmesser sein sollen, damit das Bier gleichmäßig reift. Eine echte „Glaubensfrage“ ist dagegen, ob die Gärtanks offen oder geschlossen zu sein haben. Viele Brauer halten die Gärung im offenen Bottich für das Optimum und schließen die Tanks nur zur automatischen Reinigung.

Neben der Güte der Zutaten Wasser, Hopfen und Malz bestimmt dann noch die Lagerung die Qualität der Biere. Vier bis fünf Wochen reift das Bier bei der traditionellen Herstellung im gut gekühlten Lagerkeller, ehe es in Flaschen bzw. Fässer gefüllt auf den Weg zum Verbraucher geschickt wird. Anschließend sollte es möglichst frisch getrunken werden, weil das Bier nach einigen Wochen abzubauen beginnt.

Aber keine Regel ohne Ausnahme: Besonders kräftig eingebraute *Stark-* oder *Bockbiere* kennen diesen Verfallsprozess nicht. Bockbiere spielen in Bayern eine spezielle Rolle – vor allem in der Fastenzeit vor Ostern. „Flüssiges bricht das Fasten nicht“, formulierten katholische Mönche und brauten besonders starkes, nahrhaftes Bier, um Fleischgerichte vergessen zu machen. Das bekannteste Bockbier Münchens ist der „Salvator“, dessen erstes Fass traditionell auf dem *Nockherberg* (einem großen, kürzlich neu gestalteten Gastronomiebtrieb) angestochen wird.

Übers Jahr gesehen trinkt der Bayer am liebsten Helles (Oberbayern) und Pils (Franken). Seit etwa 40 Jahren gewinnt die obergärige Spezialität *Weizenbier* oder *Weißbier* nicht nur in Bayern zunehmend Freunde – gerade bei den jüngeren Konsumenten.

Unter den „Exoten“ am bayerischen Biermarkt sei das *Braunbier* aus Bayreuth, ein besonders stark gehopftes, bernsteinfarbenes Bier, erwähnt. Und das früher weit verbreitete, aromatische *Dinkelbier* stellen nur noch ganz wenige Brauereien her.

Mehr als 40 Sorten und 4000 Marken bieten die 640 bayerischen Brauereien ihren Kunden an. Das ist Weltrekord. Kein anderes Land verfügt über diese Vielfalt und Tradition – und über diese Kompetenz! In Bayern, in Freising-Weihenstephan, steht auch die internationale Hochburg der Brauerausbildung und die älteste noch bestehende Brauerei der Welt.

Rund 90 Brauereien existieren beispielsweise noch in Oberbayern, wo der

Konzentrationsprozess in den vergangenen Jahren besonders ausgeprägt war und viele Brauereien in zum Teil ausländischen Brau-Konzernen aufgingen.

Die größte Brauereidichte Bayerns weist jedoch Oberfranken auf. Bei mehr als 200 Brauereien gibt es statistisch gesehen eine Brauerei auf etwa 5 500 Einwohner! Dies rührt vor allem daher, dass in Oberfranken die wichtigen Rohstoffe kultiviert wurden. Die weltweit einzigartige Brauereidichte hat aber auch mit der Geschichte zu tun. Adlige und kirchliche Fürstentümer vergaben die lukrativen Braurechte und erließen zum Schutz dieser Brauereien „Bannrechte“, welche die Entstehung weiterer Brauereien in deren Einzugsgebiet unterbanden. Erlaubt war das Bierbrauen nur zum Hausgebrauch, weshalb bis heute in Oberfranken zahlreiche Kleinstbrauereien mit 300 bis 400 Hektoliter Jahresausstoß zu finden sind.

„Bayerisches Bier“ ist inzwischen ein eingetragenes Warenzeichen bei der Europäischen Union und holt beim Image zunehmend auf. Zu diesem Zweck treten Experten wie der Bier-Sommelier Sitter an. Sitter ist Juror der „Bier-Weltmeisterschaft“, dem *World Beer Cup* in den USA und dem europäischen Pendant, dem *European Beer Star*. Und er ist ein authentischer wie sympathischer Botschafter für bayerisches Bier: Bei Auftritten in verschiedenen Medien und auf seinem Gut Riedelsbach, wo er in gut besuchten Bierseminaren ausgesuchte Spezialitäten auftischt.

Zu jedem Gericht empfiehlt er ein anderes, passendes Bier, ganz in der Tradition eines Sommeliers: Ein leichtes Hefe-Weißbier zum Bachsaibling, ein kräftiges Dunkles zum Rinderschmorbraten und zu den Trüffel-Profiteroles ein malzaromatisches Bockbier.

Drei Faktoren nennt der Bier-Sommelier für ein gelungenes Bier: „hervorragende Rohstoffe, lange Reifung und kurze Wege zum Verbraucher“. Massenbiere, so Sitter, könnten da mit denen der mittelständischen Regional-Brauereien nicht konkurrieren: „Weil das Bier tausende von Kilometern durch die Gegend geschaukelt wird und oft Monate braucht, bis es beim Konsumenten landet ... Aber bayerisches Bier schmeckt halt am besten frisch!“

OBERBAYERN

Barzeln, Biergärten und Brotzeiten

Wer sich auf die Suche nach der ursprünglichen bayerischen Küche begibt, stellt fest, dass „die gute alte Zeit" kulinarisch längst nicht so gesegnet war.

In einem alten bayerischen Volkslied heißt es: *„Montag Nudeltag, Dienstag Strudeltag, Mittwoch Knödeltag, Donnerstag Fleischtag, Freitag Fasttag, Samstag Zahltag, Sonntag Feiertag"*. Nur an hohen Festtagen wurde aufgetischt, was die Vorratskammern hergaben. Die spätestens dann erkennbare Verwandtschaft oberbayerischer Spezialitäten mit denen der böhmischen und österreichischen Küche erklärt sich aus dem Einfluss der Habsburger und Wittelsbacher auf das Land.

Auch die Liaison mit dem napoleonischen Frankreich hinterließ deutliche kulinarische Spuren. Aus einem „Boeuf à la mode" wurde das *„Böfflamott"*, ein heute als bayerischer Klassiker gepriesener Rinderschmorbraten in Essig-Rotwein-Sud.

Im Alltag hingegen hieß es, genügsam zu sein, hauszuhalten und mit einfachen Zutaten möglichst viele Mägen satt zu machen.

Noch im 19. Jahrhundert ernährte man sich auf dem Land weitgehend von fleischloser Kost. Mehlspeisen, Rüben- und Krautgerichte, Knödel und Suppen (wie Wasser- und Schmalzsuppe, Milch- oder Erbsensuppe), dunkles Brot, später auch Kartoffeln, wechselten sich ab. Der Speiseplan richtete sich strikt nach den Jahreszeiten: Was gerade reif war, kam auf den Tisch.

Allgegenwärtig als Gemüse waren Bayerische Rüben – die Barzeln. In alten bayerischen Kochbüchern finden sich zahlreiche Rezepte für diese Ackerfrucht, die heute nur noch selten angebaut wird. Im Geschmack ähnelt diese Rübe Pastinaken und Kohlrabi.

Aus dem Dachauer und Freisinger Land ist der „Bayerische Rübentauch" bekannt, eine Suppe mit brauner Einbrenne. Dazu gab es Dampfnudeln oder Schuxen, ein Schmalzgebäck aus Hefeteig. Noch zu Beginn des 20. Jahrhunderts hatte dieses Gericht seinen festen Platz im wöchentlichen Speisenplan.

Wer die Barzeln probieren will, kann das bei den „Dachauer Rübentagen" um Allerheiligen tun. Einige Landgasthöfe bieten „Rübentauch" dann auf ihrer Speisekarte an.

Süßigkeiten und Kuchen waren in der ländlichen Küche ebenso rar wie Fleisch, wenn man von einfachen Sattmachern wie *Dörrobstsuppe* oder *Armen Rittern* – in Milch und Eiern eingeweichtem und in Fett ausgebratenem, altbackenem Brot – absieht.

Zucker ist erst seit Ende des 19. Jahrhunderts im Überfluss vorhanden. Die industrielle Produktion aus Zuckerrüben machte das möglich. Der bis dahin bekannte Rohrzucker war lediglich als Luxusartikel und Medikament in Gebrauch. Gesüßt wurde nur – wenn überhaupt – mit Honig. Die Bienenhaltung

war weit verbreitet, der Bienenstock galt als „Ziege des kleinen Mannes".

In den wohlhabenden Städten und deren Einzugsgebieten fiel die Verpflegung deutlich üppiger aus. Hier wurde auch außerhalb der Festtage geschlachtet. Ein wohlhabender Münchner konnte sich schon ein „Kronfleisch" als zweites Frühstück gönnen – ein Stück Zwerchfellfleisch vom Rind, in Brühe gekocht und mit frisch geriebenem *Kren* (Meerrettich), Schwarzbrot oder mit Rühreiern serviert. Ein beliebtes, einfaches Mittagessen war und ist das *Beuscherl* oder *Saure Lüngerl*. Das Ragout aus klein geschnittener Kalbslunge wird mit einer sauren Rahmsauce und Semmelknödeln gereicht.

Wer es mit Innereien nicht so hat, der kann beruhigt bei *Leberkäse* zugreifen: Leber ist garantiert nicht drin (Käse übrigens auch nicht)! In den bayerischen Leberkäs kommen Rind- und Schweinefleisch, Wasser und Salz. In dicke Scheiben geschnitten isst man ihn mit Kartoffelsalat oder Spiegeleiern und süßem Senf. Der Leberkäs wird wie Brot in „Laibern" gebacken. *„Kas"* ist die bayerische Bezeichnung für eine gemischte Masse (im *Erdäpfelkas* ist auch kein Käse). Und aus *„Laiberkas"* wurde dann irgendwann *Leberkäs*.

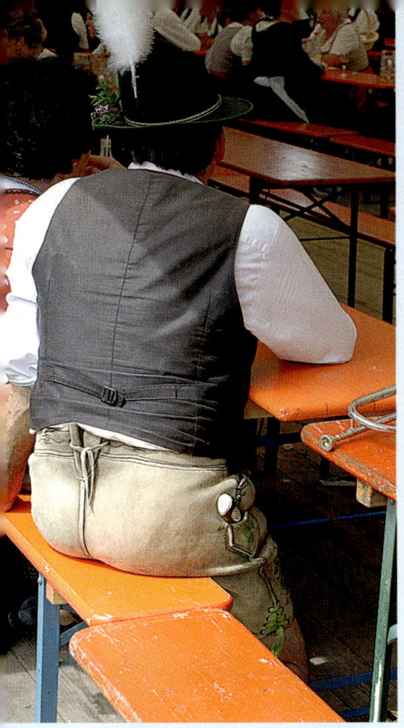

Mindestens so bekannt wie der Leberkäse ist die Münchner *Weißwurst*. Erfunden hat sie angeblich ein Joseph Moser, Anno 1857, und zwar unfreiwillig – eine Verlegenheitslösung sozusagen. Bei der Herstellung seiner Kalbsbratwürste waren dem Wirt und Metzger die Schafsdärme ausgegangen. Aber Not macht erfinderisch macht, und so füllte Moser das Kalbsbrät in Schweinedärme. Da diese zum Braten ungeeignet sind, brühte er die Würste in heißem Wasser und servierte sie sodann als Neuheit – als „Münchner Weißwürst". Heute sind sie fester Bestandteil bayerischer Esskultur und werden zu (fast) jedem Anlass gereicht.

Ein original Münchner Weißwurstfrühstück besteht aus drei Weißwürsten, süßem Senf, Brezen und einem Weißbier. Wer es ganz genau nimmt mit den Konventionen, bestellt immer eine ungerade Zahl, nie paarweise und auch nie nach dem Mittagsläuten um 12 Uhr. Wer sich nicht an diese Regeln hält, wird von den Münchnern als *Zugroaster* oder gar als *Preiß* entlarvt …

Unabhängig von der Tageszeit liebt der Oberbayer seine *Brotzeit*: *Obatzd'a* (zerdrückter, mit Butter vermischter reifer Camembert, gewürzt mit fein gehackten Zwiebeln, Kümmel und Paprikapulver). *Radi* (in dünne Scheiben geschnittener, eingesalzener Rettich), *Wurstsalat* (mit viel Zwiebeln, oft auch mit Emmentaler – dann heißt er *Schweizer Wurstsalat*), kalter Braten oder eine dicke Scheibe Käse, und dazu *Brez'n* oder kräftiges Bauernbrot. Und vor allem: eine Maß Bier! Am besten freilich schmeckt die Brotzeit in einem schattigen Biergarten nach einer Wanderung oder Radltour.

„Stadt der Bergluft und des südlichen Himmels, Pfeiler der Brücke zwischen Deutschland und Italien", so beschrieb Ricarda Huch **München**. Eine moderne Großstadt, eine traditionsbewusste Residenzstadt, in der sehr viel Kunst versammelt ist; eine Stadt, die an Althergebrachtem festhält aber auch den Zeitgeist prägt – das alles ist München. Eine Stadt, die ihre Gründung einem kriegerischen Akt verdankt: Heinrich der Löwe ließ die Brücke über die Isar, die der Bischof von Freising bei Oberföhring angelegt hatte, zerstören und erbaute eine neue. Er verlegte damit den Markt und die Zollstation flussaufwärts *„zu den Munichen"* – den Mönchen. Das Stadtwappen mit dem *Münchner Kindl* stellt also einen Mönch dar.

Die 1,4-Millionen-Metropole steht weltweit für bayerische Lebensart, Genuss und Geselligkeit. Tatsächlich verfügt München in der Gastronomie über eine Versorgungsdichte, die andernorts selten erreicht wird. Ein kulinarischer Streifzug durch die Landeshauptstadt lässt sich am besten in Münchens Mitte beginnen, auf dem *Viktualienmarkt*. Ursprünglich als Bauernmarkt gegründet, wurde er schon im 19. Jahrhundert zu einem Markt für Lebensmittel (Viktualien). Heute bieten hier 140 Firmen ihre Waren an. Vom heimischen Obsthändler bis zum exotischen *Standl* wie dem *Mercado Latino*, von der *Pferdemetzgerei Kaspar Wörle* bis zu *Thomas' Fromage et vins*, der eine verlockende Auswahl an französischem Käse und Wein bereithält. Wem der Sinn nach Süßem steht, dem sei die *Schmalznudel* empfohlen (wenige Schritte vom Markt entfernt). In den frühen Morgenstunden, ab fünf Uhr, frühstücken hier die Marktbeschicker Schmalznudeln, Rohrnudeln, Dampfnudeln oder Schuxen zum Kaffee. Aber nicht nur sie: auch bei Nachtschwärmern hat das Frühstück in der *Schmalznudel* Tradition.

„Ozapft is!" heißt es, wenn der Oberbürgermeister das erste Holzfass Festbier ansticht und damit das Münchner *Oktoberfest*, die *Wies'n*, eröffnet: Das größte Volksfest der Welt, das entgegen

seinem Namen bereits Mitte September beginnt. Bayerische Schmankerl wie Leberkäse, Schweinsbratwürstel, Krautschupfnudeln, Radi oder original Münchner Weißwürste, werden fast überall angeboten, sowohl in den Festhallen als auch in den Holzbuden auf dem Festplatz, der *Theresienwiese*. Viele der kleineren Zelte bieten dazu besondere Spezialitäten an. Bei der *Fischer-Vroni* kann man in gemütlicher Atmosphäre Steckerlfisch aller Art genießen: Lachsforelle, Zander oder Makrele werden jeweils auf einen Stock gespießt und dann in einer langen Reihe gegrillt. In der alteingesessenen *Ochsenbraterei* schmoren jedes Jahr um die 90 ganze Ochsen.

Das Oktoberfest basiert auf einem großen Pferderennen, das am 17. Oktober 1810 anlässlich der Hochzeit des Wittelsbachers Ludwig von Bayern mit der Prinzessin Therese von Hildburghausen abgehalten wurde. Mit Bier und Brotzeit dankten die Wittelsbacher dem bayerischen Volk für seine Treue in schweren Zeiten.

Wenn es ums Bier geht, können die Münchner sehr ungemütlich werden. Ihre Stadt ist wohl weltweit die einzige, in der sich ein „Verein gegen betrügerisches Einschenken" gegründet hat. Zu den mehr als 4 000 Mitgliedern zählt auch der Oberbürgermeister. Der Verein ernennt ehrenamtliche Prüfer, deren Aufgabe es ist, in Wirtshäusern und Schankbetrieben die Füllhöhe des Bieres in den Gläsern zu kontrollieren.

Kirchenfeste, Bierfeste, See- und Waldfeste – in Oberbayern wird gern gefeiert und das mit Hingabe und sehr langer Tradition. Die meisten Feste haben ihren Ursprung in einer Wallfahrt oder Prozession oder sie sind aus einem Markt hervorgegangen. Der Lebenslust der Oberbayern ist es zu danken, dass es keinen Feiertag, kaum ein Wochenende ohne ein Fest gibt.

Westlich von München, in **Kaltenberg** nahe des **Ammersees**, findet das *Kaltenberger Ritterturnier* statt. Jährlich an den Juli-Wochenenden lassen mehr als 1 000 Mitwirkende in historischen Trachten und stilechten Rüstungen das Mittelalter wieder lebendig werden.

Höhepunkt des Festivals ist das *Ritterturnier*, bei dem professionelle Stuntmen hoch zu Ross atemberaubende Wettkämpfe austragen. Luitpold Prinz von Bayern hat sich dieses phantasievolle Spektakel ausgedacht und 1979 erstmals veranstaltet. Die *Schlossbrauerei Kaltenberg* ist eine der letzten Schlossbrauereien überhaupt und Prinz Luitpold fühlt sich der langen Tradition des Bierbrauens verpflichtet. Unbedingt probieren sollte man den *Ritterbock*, ein malzaromatisches Starkbier, das in Kaltenberg speziell zum Ritterturnier gebraut wird. Der Prinz, Nachfahre des Oktoberfeststifters Ludwig von Bayern, darf übrigens sein Bier nicht auf der Wies'n anbieten, nur Münchner Brauereien dürfen dort im eigenen Bierzelt ausschenken.

Nur etwa 20 Kilometer von München entfernt, vor der majestätischen Kulisse der Alpen, liegt das Urlaubsparadies **Starnberger Fünf-Seen-Land**, eingebettet in die sanft geschwungenen Moränenhügel des Voralpenlandes. Malerische Orte, stattliche Bauernhöfe mit Lüftlmalerei, prunkvolle Kirchen – Oberbayern wie aus dem Bilderbuch. Der **Starnbergersee** (ehemals Würmsee), der **Ammersee** und die kleineren Seen **Wörthsee**, **Pilsensee** und **Weßlinger See** haben schon immer Augsburger und Münchner angezogen. Bereits vor etwa 300 Jahren begann der Boom mit dem lebens- und feierlustigen Kurfürstenpaar Henriette Adelheid und Ferdinand Maria. Mit ihrem Prunkschiff *Bucentaur* kreuzten sie über den Starnberger See und feierten ausgelassene Feste. Patrizierfamilien und wohlhabende Bürger ließen sich an den Ufern Schlösser und Villen bauen und heute ist die Region eine der reichsten in Deutschland.

Nahe Bernried wurde 2001 eines der interessantesten Kunstmuseen, das „Buchheim-Museum der Phantasie" eröffnet.

Neben der berühmten Expressionistensammlung der „Brücke"-Künstler Ernst L. Kirchner, Emil Nolde und Erich Heckel zeigt das Museum bayerische Volkskunst, Kultgegenstände und Kunsthandwerk aus aller Welt sowie einiges Kurioses, das der manische Sammler Lothar-Günther Buchheim zusammengetragen hat.

Eine kühle *Maß*, einen *Radi* oder *Klosterkäs* mit *Brez'n* sollte man schon einmal im Klosterbräustüberl auf dem „Heiligen Berg" im **Kloster Andechs**, über dem Ammersee, genossen haben. Den Benediktinern ist es gelungen, ihre herrlich luftige, barocke Kirche zu einer der bekanntesten Marien-Wallfahrtskirchen in Bayern zu machen.

Ein Abstecher nach **Landsberg** am Lech, das wie München eine Gründung von Heinrich dem Löwen ist, lohnt sich auf jeden Fall. Die Stadt an der *Romantischen Straße*, am Hochufer des Lechs, hat eine gut renovierte barocke Altstadt mit einem sehr schönen, geschlossenen, dreieckigen Hauptplatz.

Alle vier Jahre im Juli wird hier das *Ruethenfest*, eines der größten historischen Kinderfeste Bayerns, gefeiert. Ursprünglich zogen Landsberger Lehrer mit ihren Schülern ins Grüne, um Weidenruten (Ruethen) zu schneiden. Heutzutage spielen mehr als 1 000 Kinder in prächtigen historischen Kostümen die Stationen der Stadt-Geschichte von der Gründung bis ins 18. Jahrhundert nach. Ganz Landsberg ist dann für eine Woche ein einziger Festplatz.

In **Seehausen** am **Staffelsee** findet jedes Jahr am Fronleichnamstag eine *Seeprozession* statt, die einzige in Bayern. Auf einer festlich geschmückten Fähre wird der Pfarrer mit der Monstranz unter dem Baldachin zur **Insel Wörth** gerudert, begleitet von geschmückten Booten und in Murnauer Tracht gekleideten Gläubigen. Ein herrliches Bild vor der Kulisse des Wettersteingebirges.

Das **Werdenfelser Land** mit dem höchsten Berg Deutschlands, der **Zugspitze**, scheint urbayerische Landschaft zu sein. Tatsächlich jedoch stand das Gebiet fast 500 Jahre lang unter der Herrschaft der Bischöfe von Freising. Erst im Jahr 1802 kam es zum Königreich Bayern. **Mittenwald** und der Festspielort **Oberammergau** mit ihren, mit Lüftlmalerei verzierten, stattlichen Bauernhöfen sind auf jeden Fall einen Besuch wert.

Im 17. und 18. Jahrhundert war Mittenwald das Zentrum des bayerischen Geigenbaus und die Instrumente wurden in ganz Europa hoch geschätzt.

Im Oberbayerischen Herzland, in dem von der **Benediktenwand** überragten **Isarwinkel**, soll es die schönsten Trachtendirndl, die imposantesten Gebirgsschützen und Blaskapellen geben. Weil man gern ausgiebig feiert, findet sich an jedem Wochenende und Feiertag ein Anlass: Das kann eine Fahnenweihe, ein Feuerwehrfest, eine Prozession oder eine Hochzeit sein – oder eine *Hebauf* (Richtfest) mit Bier und Brotzeit.

In der Tradition der Erntedankfeste stehen die *Leonhardifahrten*, auch *Leonhardiritt* genannt. In **Bad Tölz** findet alljährlich am 6. November eine prächtige Leonhardifahrt statt. Sie ist Ausdruck des Dankes für die Ernte und zugleich Bitte um Schutz für Hof und Stall an den Schutzheiligen St. Leonhard.

Erworben 1921 von
Ewald und Emilie Hecker

Über 80 Gespanne und 100 berittene Pferde sind bei der Tölzer Leonhardifahrt zu bewundern: vom typischen Truhenwagen bis zum Tafelwagen, auf dem die Bauern, Knechte, Mägde und Kinder in der ortstypischen Tracht Platz finden.

Am Ortsausgang von Bad Tölz, Richtung **Königsdorf**, empfiehlt sich ein kurzer Stopp: im *Tölzer Kasladen* von Wolfgang Hofmann reifen über 100 Käsesorten in verschiedenen Kammern bei unterschiedlicher Luftfeuchigkeit und Temperatur. „Deutschlands feinsten Käse-Affineur“ nannte ihn die „Welt am Sonntag“. Für die Münchner gibt es auch eine Filiale am Viktualienmarkt.

In der Nachbargemeinde **Benediktbeuern** lohnt im Sommer der Besuch des *Klosters* und der *Klostergärtnerei*. Sie ist bekannt für ihre Auswahl an Kräutern, Salaten und Gemüse aus ökologischem Anbau. Hier erfanden die Benediktiner wohl auch vor langer Zeit das *Benediktiner Klostergold*, einen feinwürzigen, mild-süßen Kräuterlikör mit 43 % Alkoholgehalt. Der Clou: der Likör enthält *Aurum potabile*, trinkbares Gold. Benediktbeurer Klostergold kann man im Klosterladen kaufen und im Bräustüberl verkosten.

Um dem Touristen-Trubel rund um den **Tegernsee** zu entgehen, empfiehlt sich eine Wanderung zum Berggasthof **Neureuth** (1263 m). Der knapp 75-minütige Aufstieg (vom Bahnhof Tegernsee) wird mit einer traumhaften Aussicht auf das Tegernseer Tal belohnt. Noch spektakulärer ist das Panorama vom **Wallberg** (1722 m) aus. Hier muss man allerdings 3 Stunden für den Aufstieg rechnen – oder in die Bergbahn steigen.

Im *Herzoglichen Bräustüberl* am Schlossplatz in **Tegernsee** lässt es sich ebenfalls gut einkehren. Für den kleinen Hunger findet man auf der Karte bayerische Klassiker wie Griebenschmalzbrot mit roten Zwiebeln, Schnittlauchbrot

Biergärten sind eine Einrichtung, die in Oberbayern erdacht wurde. Das war, als anno 1539 eine Verordnung erlassen wurde, derzufolge nur noch in der Zeit von Ende September bis Ende April Bier gebraut werden durfte. Also kein Bier mehr im Sommer? Absolut undenkbar!

Also sannen die Brauer auf Abhilfe. Die Lösung: Man ließ tiefe Kellerhöhlen schlagen, in denen das Bier unter großen Natureis-Brocken, die im Winter aus Flüssen und Seen geschlagen wurden, in Fässern lagerte. Als Schattenspender wurden zusätzlich Kastanien oder Linden über den Kellern angepflanzt. In diesen schattigen Biergärten wurde fortan im Sommer Bier ausgeschenkt.

Noch heute sitzt man im traditionellen Biergarten unter großen Kastanien gemütlich beisammen. Das Knirschen der Kieselsteine vermischt sich mit dem dezenten Klirren von Maßkrügen zu der perfekten Tonkulisse eines bayerischen Sommers. Im Biergarten trifft man sich ungezwungen und kommt ungeachtet sozialer Unterschiede ins Gespräch.

In traditionellen Biergärten (und nur dort, nicht zu verwechseln mit bestuhlten und sonnenbeschirmten Gärten von Gastwirtschaften) dürfen Speisen von daheim mitgebracht werden. Diese Regelung geht zurück auf eine Verfügung des bayerischen Königs Ludwig I. Und ein rechter Wirt sieht es gelassen, wenn der Gast seinen eigenen Kartoffelsalat oder den selbstgemachten Obazten auf das – ebenfalls mitgebrachte – Tischtuch stellt. Die Brez'n und den Steckerlfisch kauft er sich, genau wie das Bier, ja doch frisch vor Ort.

oder Leberknödelsuppe. Ist der Appetit geweckt, kann man sich immer noch für ein geräuchertes Saiblingsfilet, ein Bierbratl (in Bier gebratener Schweinebauch) oder Tellerfleisch mit Kren (gekochtes Rind- oder Ochsenfleisch mit Meerrettich) entscheiden.

Auf dem seit fünf Jahrhunderten bestehenden **Gut Kaltenbrunn** am Tegernsee, zwischen **Gmund** und **Rottach-Egern**, findet alljährlich ein *Lichtmessmarkt* statt. Lichtmess, am 2. Februar, war bis 1912 ein bedeutender offizieller Feiertag. An diesem Tag wurde der Jahresbedarf an Kerzen für die Kirchen geweiht und es fanden Lichterprozessionen statt. Deren heidnischer Ursprung hatte wohl damit zu tun, dass die Tage von da ab immer länger (lichter) wurden.

Lichtmess war auch der Tag, an dem die Weihnachtsdekoration „entsorgt“ wurde, was sich mancherorts bis heute erhalten hat. Lichtmess markierte aber

auch den Beginn eines neuen landwirtschaftlichen Arbeitsjahres. Am so genannten *Schlenkeltag* wurden die Löhne ausgezahlt. Dienstboten und Dienstherren beendeten oder schlossen Verträge.

Die *Schlenkermärkte* an Lichtmess dienten auch als Informations- und Arbeitsbörsen. Und die *Schlenkerweil*, also die Übergangszeit, wurde natürlich ausgiebig gefeiert.

Am **Schliersee**, im Ortsteil **Neuhaus**, hat der erfolgreiche ehemalige Skirennfahrer Markus Wasmeier ein *Bauernhofmuseum* mit bis zu 400 Jahre alten Bauernhäuser eingerichtet. Sein Projekt *Altbayerisches Dorf* und die Konzeption eines „lebenden Museums“ ist sehr gut gelungen. Es lassen sich nicht nur Häuser, Möbel und Geräte besichtigen, sondern das alltägliche Leben einer versunkenen Epoche. Es wird gesät und geerntet, gedengelt und gehobelt, gemolken, gekast und gebraut.

Nach und nach sollen vom Aussterben bedrohte Haustierrassen wieder gehalten werden und in den Bauerngärten werden Alpenkräuter wachsen, die vormals in jeder Küche verwendet wurden. Alte Kulturpflanzen wie Flachs und Hanf werden auf den Feldern angebaut werden. In einer gemütlichen Wirtsstube gibt es nach dem Rundgang eine ordentliche Brotzeit.

In unmittelbarer Nachbarschaft befindet sich die 1928 gegründete Destillerie *Lantenhammer*, die sich unter Florian Stetter zu einer renommierten Brennerei entwickelt hat. Seit 2002 gibt es bei Lantenhammer sogar einen Whiskey, genauer einen Single Malt, der drei Jahre lang in neuen Eichenfässern aus amerikanischer Weißeiche reift. Führungen und Degustationen sind nach vorheriger Anmeldung möglich.

Eine Fisch-Spezialität führt uns zum „bayerischen Meer“, zum **Chiemsee**: Die *Renke*, auch *Felchen* genannt, ist ein wohlschmeckender Lachsfisch. Am besten zu genießen in einem der zahlreichen Fischrestaurants am See – so etwa bei Dieter Ihms *Winklfischerei*, einem Fischverkauf mit kleinem Restaurant in **Prien** direkt am Ufer oder beim *Unterwirt* in **Chieming**, der mit einer sehr gepflegten Fischkarte, einem herrlichen alten Biergarten und direktem Zugang zum Dampfersteg aufwarten kann.

Kurz vor der Grenze zu Österreich, nahe dem **Waginger See**, liegt **Schönram**. Die *Taferne Scharamb*, das heutige *Bräustüberl*, war bereits im 18. Jahrhundert eine bekannte Raststation für den Postverkehr von Salzburg nach München. Heute liegt der Gasthof abseits der Hauptverkehrsadern. Bekannt ist er allerdings nach wie vor: wegen der gelungenen Verbindung von Brauerei und Küche. Während in der Brauerei der Familie Oberlindober nach den Regeln der *slow-food*-Philosophie erstaunliche Biere gebraut werden, komponiert man in der Küche des Bräustüberls die entsprechenden Gerichte dazu: Da gibt es Saiblingsfilet auf Bärlauch-Zwickelbiersauce, Ochsenschwanzessenz mit Bierschnaps, Märzenbiergranité, Schalotten-Dunkelbier-Confit zum Rindersteak und als Dessert eine Weißbiercreme-Charlotte. Natürlich alles begleitet von einer jeweils passenden Sorte *Schönramer Bier*.

Richtung Norden überrascht das Städtchen **Wasserburg** am Inn mit einer barocken, fast italienisch anmutenden Architektur. Wie eine Insel wird der Stadtkern auf drei Seiten vom **Inn** umflossen – eine Wasserburg im wahrsten Sinn des Wortes ist hier entstanden. In der Altstadt findet jährlich am ersten Februar-Sonntag der traditionelle *Taubenmarkt* statt. Hier treffen sich Händler – *Taubenlackl* –, Käufer und Interessierte aus ganz Europa, um Hühner, Klein-

tiere, verschiedenste Vögel und natürlich Tauben zu handeln oder einfach nur zu bestaunen. Der Markt beginnt bereits im Morgengrauen. Es lohnt sich jedoch, noch früher zu erscheinen, um das wuselige Treiben des Aufbaus beobachten zu können.

Vom Südosten Oberbayerns in den Norden: Gute 30 Autominuten nördlich von München erreicht man die alte Domstadt **Freising**. In der Bischofsstadt zählt der Besucher 21 Kirchen – und vermutlich ebenso viele Sudkessel. Die beiden ältesten, noch bestehenden Braustätten der Welt lassen sich hier besichtigen: *Weihenstephan* (gegründet 1040) und das *Hofbrauhaus Freising* (1160). Die *Fachhochschule Weihenstephan* gilt als das Ausbildungsmekka für die Brauwirtschaft. Sehenswert sind neben dem Domberg mit dem Dom auch die Gartenanlagen von Weihenstephan. Biergarten und Gasträume der Brauerei Weihenstephan sind ein beliebtes Ausflugsziel.

Wer gerne Radltouren unternimmt oder wandert, kann von München aus, der Isar bis Freising folgend, stromabwärts auf beschatteten Uferwegen und unbehelligt von jeglichem Verkehr, einen Ausflug machen. Etwa auf halber Strecke besteht die Möglichkeit für einen Einkehrschwung in den lauschig-rustikalen Biergarten *Mühlenpark* am Garchinger Mühlbach.

„Hopfen und Malz, Gott erhalt's", so liest man heute noch oft in Gaststuben oder Brauereien. Hopfen ist ein wesentlicher Bestandteil für den Brauprozess. Im hügeligen Land nördlich von München liegt das bedeutendste Hopfenanbaugebiet der Welt – die **Hallertau**. Hier findet der Hopfen die passenden Böden mit durchlässigen Löss-Lehm-Schichten und ein Klima mit viel Niederschlägen und Sonnenstunden. Von April bis Juli wächst die Hopfenpflanze täglich bis zu zehn Zentimetern und rankt sich bis zu acht Meter an den mächtigen Hopfengerüsten hinauf. Bis Ende August, wenn die Ernte beginnt, reifen die begehrten Dolden der weiblichen Pflanzen.

Erst der Hopfen verleiht dem Bier individuellen Geschmack und Aroma. Die Bitterstoffe sind für die Schaumbildung verantwortlich, die ätherischen Öle sorgen für den Geschmack und die Gerbstoffe dienen der Konservierung – früher ein besonders wichtiger Aspekt.

Die Pflanze verlangt einen enormen Arbeitseinsatz: Während pro Hektar Getreidefeld gerade mal 20 Stunden im Jahr anfallen, sind es beim Hopfen trotz des Einsatzes modernster Technik bis zu 250 Arbeitsstunden. *„Hopfen will jeden Tag seinen Herrn sehen"*, lautet daher eine Volksweisheit in der Hallertau.

Hopfenernte war früher echte Knochenarbeit: Gearbeitet wurde vom Morgengrauen bis weit in die Nacht hinein. Heute haben moderne Erntemaschinen die Handarbeit ersetzt. Was jedoch geblieben ist, sind die Erntefeste – herausragend dabei das *Wolnzacher Volksfest* mit der Wahl der *Hopfenkönigin*.

Als der Hopfen noch von Hand gepflückt wurde, war es üblich, nach dem Einbringen der letzten Fuhre gemeinsam zu essen und zu feiern. Die Hopfenbäuerinnnen tischten in der Regel eine kräftige Nudelsuppe auf, als Hauptspeise einen deftigen Schweinsbraten mit Kartoffelsalat oder Knödeln und zur Nachspeise die beliebten Schmalznudeln.

Wer mehr über Hopfen erfahren will, besucht das *Deutsche Hopfenmuseum* in **Wolnzach**. Hier kann man auch Bierverkostungen und kulinarische Tagesseminare buchen: Im Fach *„Bierbrauen zum Hausgebrauch"* lehrt ein Braumeister, wie man zu Hause sein eigenes Bier brauen kann. So, wie anno dazumal: als das Bierbrauen noch eine ganz normale Küchenarbeit war.

Schweinsbräu
KISS THE COOK

Thomas Thielemann: Unverfälschter Geschmack und purer Genuss

„Bio“ erlebt gerade einen regelrechten Boom. Selbst die Regale der Supermärkte füllen zunehmend Lebensmittel, die diese Bezeichnung tragen, Tendenz steigend.

Einer der ersten, der professionell umwelt- und sozialverträgliche landwirtschaftliche Produktion betrieb, war Mitte der 80er Jahre der ehemalige Fleischfabrikant Karl Ludwig Schweißfurth. In Herrmannsdorf bei Glonn, 20 Kilometer südöstlich von München, baute er mit seiner Familie, unter der argwöhnischen Beobachtung der benachbarten Landwirte, die „Herrmannsdorfer Landwerkstätten“ auf. Obst und Gemüse, Getreide und Fleisch, ja sogar Bier entstehen hier durch besonders schonende, umweltverträgliche und nachhaltige Bewirtschaftung und Verarbeitung.

Dies gilt selbstredend auch für die dazugehörige Gastronomie, den sterndekorierten „Schweinsbräu“, in dem seit 1993 der 42-jährige Thomas Thielemann als selbstständiger Unternehmer die Regie führt.

„Die Qualität des Essens gilt als Gradmesser für die Wertschätzung, die der Mensch sich selbst schenkt“, lautet das Motto in Herrmannsdorf, wo der Begriff „Lebens-Mittel“ mit Bindestrich geschrieben wird.

Was das Wirtshaus zum Schweinsbräu zum Mekka für Gourmets macht, ist sicherlich zum einen die überragende, ehrliche Produktqualität, die sich „nochmals deutlich von den übrigen Bio-Produkten abhebt“, wie Thielemann betont, der bereits im Münchner Top-

Restaurant „Glockenbach“ erste Berührungen mit Bio-Küche hatte. Zum anderen ist es natürlich die Fähigkeit, diese Produkte ihrer Wertschöpfung entsprechend zu behandeln und neue Wege zu finden, klassische regionale Gerichte zuzubereiten.

Mit mehr Leichtigkeit und durchaus mediterranem Einfluss entstehen in der dem Gastraum offen zugewandten Küche gleichermaßen überraschende wie beeindruckende Kompositionen, etwa magere Schweinebäckchen mit Steckrübenkraut, knusprige Ente aus der Salzlake oder ein saftiger Schweinebraten mit Spinat.

Klarheit ist für Thielemann ein ganz wichtiges Kriterium seiner Küche: „Ein so tolles Produkt wie ein fein marmoriertes Rib-Eye darf nicht verfälscht werden!“ Dazu zählt er kurze Garzeiten, die den Geschmack der Rohstoffe erhalten sowie den gezielten Einsatz von Kräutern und Gewürzen.

Thielemann: „Der respektvolle Umgang mit unseren Drei-Sterne-Produkten fördert auch die Kreativität des Küchenchefs. Wir arbeiten schließlich mit teuren Zutaten, da muss man auch ökonomisch denken.“ Und natürlich auch regional und saisonal. In Herrmannsdorf kommt das auf den Tisch, was gerade hergestellt beziehungsweise verfügbar ist. „Die Landschaft, die Mentalität der Menschen und das, was sie hervorbringen sind als Einheit zu sehen, die man auch beim Kochen nicht zerstören darf. Und ich freue mich über Menschen, die diese Küche wertschätzen und denen man nicht alles vorsetzen kann.“

Schmankerl vom Königssee

Glanzpunkt der Alpen und nicht nur wegen seiner berühmten Echo-Wand bei Touristen beliebt ist der malerisch am Fuße der Watzmann-Ostwand gelegene Königssee im Berchtesgadener Land.

Der Fischfang am See hat eine lange Tradition, bereits Anfang des 12. Jahrhunderts sollen geräucherte Saiblinge von hier aus nach Oberitalien in ein Heerlager Kaiser Friedrich Barbarossas verschickt worden sein.

Der einzige Berufsfischer am Königssee, Rudolf Amort, betreibt heute mit seinem Sohn Thomas die Fischerei.

Eine ganz besondere Spezialität des Fischermeisters sind seine „Schwarzreiter", kleine geräucherte Saiblinge, die auf dünnen Holzspießen liegend über einem Haselnussrost geräuchert werden, was ihnen einen unvergleichlichen Geschmack gibt. Traditionell wird dieses Schmankerl vom Tage der Kirchweih in St. Bartholomä bis einschließlich Weihnachten serviert.

Bismarck-Renke mit knusprigen Chips

4 frische Renken mit Haut, filetiert und entgrätet
Meersalz
$1/2$ l Apfelessig
$1/2$ l trockener Weißwein
je 1 Möhre, rote Zwiebel und Fenchelknolle, geschält oder geputzt und in Scheiben geschnitten
1 Lorbeerblatt
2 Gewürznelken
1 TL Senfkörner
2 getrocknete Chilischoten
130 g Zucker
2 Blatt weiße Gelatine

1 Die Fischfilets abspülen und nebeneinander in eine flache Schale legen. 35 g Meersalz in 1 l Wasser auflösen, die Filets damit übergießen und 24 Stunden im Kühlschrank marinieren.

2 Für den Sud $1/2$ l Wasser, Essig, Weißwein und das in Scheiben geschnittene Gemüse zusammen mit den Gewürzen, dem Zucker sowie 20 g Salz zum Kochen bringen. Alles 10 Minuten köcheln lassen, beiseite ziehen und den Sud auf Handwärme abkühlen lassen.

3 Die Gelatine in kaltem Wasser einweichen. Die Renken aus der Lake nehmen, kalt abspülen und nebeneinander in eine Form legen. Die gut ausgedrückte Gelatine in dem warmen Sud auflösen, die Renken damit übergießen und abgedeckt mindestens 2 Tage lang im Kühlschrank durchziehen lassen. Der Sud bleibt dabei dickflüssig und soll nicht fest werden.

Für die Chips:
200 g große, fest kochende Kartoffeln
Pflanzenfett zum Frittieren
Salz

4 Die Kartoffeln schälen und mit einem scharfen Messer oder mit einem Hobel in etwa 1 mm dicke Scheiben schneiden. Kurz in kaltes Wasser legen, herausnehmen und die Kartoffelscheiben mit Küchenpapier trockentupfen.

5 In einem Topf das Pflanzenfett erhitzen, die Kartoffelscheiben darin goldgelb frittieren. Herausnehmen, die Chips auf Küchenpapier abtropfen lassen und salzen.

6 Die Renkenfilets mitsamt der Haut in etwa 2 cm breite Streifen schneiden und mit dem Gemüse dekorativ auf Tellern anrichten. Zum Schluss die Chips darüber verteilen.

Tipp: Noch ein paar frische, fein geschnittene Estragonblättchen darüber streuen ... mmmhhh!

Statt der Renken können auch Forellenfilets verwendet werden.

Aufgeschmälzte Brotsuppe mit Gänseleber

200 g Weißbrot oder Baguette vom Vortag
2 EL Olivenöl
3 EL Butter
1 kleine Zwiebel, geschält und fein gewürfelt
1 l Fleisch- oder Geflügelbrühe
1 frisches Lorbeerblatt
1 Thymianzweig
1/2 angedrückte Knoblauchzehe
frisch gemahlener Pfeffer, Salz
2 Gänselebern à 50 g, geputzt
1 kleines Bund Schnittlauch, fein geschnitten

1 Das Weißbrot in etwa 1 cm große Würfel schneiden.

2 In einem Topf das Öl und 2 EL Butter erhitzen und die Brotwürfel darin langsam goldbraun rösten. Die Zwiebelwürfel dazugeben und glasig anschwitzen. Mit der Fleisch- oder Geflügelbrühe aufgießen, Lorbeer und Thymian sowie den Knoblauch zufügen und alles 30 Minuten leicht köcheln lassen. Mit Pfeffer und eventuell ein wenig Salz abschmecken, dann Lorbeer, Thymian und Knoblauch wieder entfernen.

3 Die Gänselebern abspülen, mit Küchenpapier trockentupfen und in etwa 1 cm große Würfel schneiden. In einer kleinen Pfanne die restliche Butter erhitzen, die gewürfelte Gänseleber darin kurz anbraten und mit Salz und Pfeffer würzen.

4 Die Leberwürfel in vorgewärmte tiefe Teller verteilen, die heiße Brotsuppe darüber schöpfen und mit Schnittlauch bestreut servieren.

Tipp: Die Gänseleberwürfel nur kurz anbraten, damit sie schön zart bleiben. Sie ziehen dann in der heißen Suppe noch etwas nach.

Paartanzkurs im Münchner Hofgarten

Im Dianatempel im Hofgarten am Odeonsplatz wird sonntags getanzt. Vormittags unter Anleitung einer Tanzschule, am Abend treffen sich tanzbegeisterte Münchner und schwofen zu Musik vom CD-Player.

Milzknödel mit Petersilienbutter und würzigem Bergkäse

So bleibt die Maß frisch:

In einem tönernen Bierkrug, Keferloher genannt, bleibt das Bier wegen der isolierenden Wirkung des Tons länger kühl. Bei der Herstellung der Krüge entsteht durch die Zugabe von Salz während des Brennens eine raue Oberfläche. Diese sorgt dafür, dass sich die Kohlensäure länger im Bier hält – auf diese Weise bleibt es länger frisch.

Seinen Namen verdankt der Krug dem Ort seiner Erfindung: In Keferloh, einem Ortsteil von Grasbrunn, wurden vor etwa 200 Jahren zum ersten Mal Bierkrüge auf diese Art gebrannt.

40 g weiche Butter
1 Ei
1 Eigelb
50 g Mehl
200 g Kalbsmilz (aus der Haut gestrichen, beim Metzger vorbestellen)
60 g Semmelbrösel
1 kleines Bund Petersilie, fein gehackt
Salz · frisch gemahlener Pfeffer
frisch geriebene Muskatnuss
150 g Butter
150 g würziger Bergkäse, mindestens 6 Monate gereift

1 Die weiche Butter mit dem Ei und dem Eigelb in einer Schüssel schaumig rühren. Mehl, Milz und Semmelbrösel sowie die Hälfte der gehackten Petersilie unterrühren. Die Masse mit Salz, Pfeffer und Muskat abschmecken, eine halbe Stunde quellen lassen.

2 Salzwasser in einem Topf zum Kochen bringen. Etwas Milzmasse abstechen und mit zwei Esslöffeln zu kleinen Knödeln formen. In leicht kochendes Salzwasser einlegen und die Knödel in etwa 10 Minuten gar ziehen lassen.

3 Inzwischen die Butter in einer Pfanne hellbraun aufschäumen, leicht salzen und die restliche Petersilie dazugeben. Die Milzknödel aus dem Wasser nehmen, gut abtropfen lassen, in vorgewärmte tiefe Teller verteilen und mit der Petersilienbutter übergießen. Anschließend den Bergkäse darüber reiben.

Tipp: Ein kleiner Spritzer feiner Rotweinessig auf die Butter verleiht dem Gericht besondere Finesse!

Die Knödel können Sie auch in leichter Fleischbrühe statt in Salzwasser gar ziehen lassen. Am besten, Sie formen zuerst einen Probekloß und machen damit eine Garprobe. Sollte er zu weich sein, kneten Sie noch ein paar Semmelbrösel unter die Masse.

Gebackener Kalbsfuß mit Lauchsalat

Eine Erfolgsgeschichte aus Oberbayern

Der Siegeszug des Weißbiers nahm Anfang der 60er-Jahre des 20. Jahrhunderts seinen Ausgang in Erding.

Als Werner Brombach die kleine, nur regional aktive Brauerei seines Vaters übernahm, beschloss er, ausschließlich Weißbier zu produzieren. Sehr zum Erstaunen seiner Brauerkollegen gelang es ihm innerhalb weniger Jahre, Erdinger Weißbier zum Marktführer in Deutschland zu machen.

1 Kalbshaxe von etwa 1 kg,
in 5 cm breite Scheiben gesägt
(beim Metzger vorbestellen)
Salz
2 Lorbeerblätter
1 getrocknete Chilischote
8 Pimentkörner
frisch gemahlener Pfeffer

Für die Panade:
etwas Mehl
2 Eier, in einem tiefen Teller verquirlt
Semmelbrösel

Für den Lauchsalat:
Saft von 1 Zitrone
5 EL bestes Olivenöl
Salz · frisch gemahlener Pfeffer
1 mittelgroße Lauchstange
1 EL Dillspitzen
4 EL Kürbiskernöl

Ausserdem:
3–4 EL Olivenöl und 1 TL Butter
zum Braten
grobes Meersalz (Fleur de Sel)

1 Die Kalbshaxenscheiben in einem Topf mit 3 l kaltem Wasser, Salz, Lorbeer, Chili und Piment zum Kochen bringen. Den entstehenden Schaum abschöpfen und die Haxenscheiben bei geringer Temperatur langsam weich köcheln. Die Garzeit beträgt 2 bis 3 Stunden. Das Fleisch muss butterweich sein: Das heißt, es soll sich mitsamt dem Bindegewebe ganz leicht vom Knochen lösen lassen. Beim Ablösen darauf achten, die Segmente nicht zu zerstückeln. Anschließend die Beinscheiben abkühlen lassen.

2 Die gegarten Beinscheiben mit Salz und Pfeffer würzen, dann erst in Mehl, anschließend in Ei und zuletzt in Semmelbröseln wenden. In einer Pfanne das Olivenöl erhitzen, die Butter zufügen und die panierten Beinscheiben von beiden Seiten goldgelb ausbacken. Herausnehmen, auf Küchenpapier abtropfen lassen, die Beinscheiben mit Fleur de Sel würzen und warm stellen.

3 Für den Lauchsalat aus Zitronensaft, Olivenöl, Salz und Pfeffer eine Marinade rühren. Den Lauch gründlich waschen, längs halbieren und in 8 cm lange und etwa 1 cm breite Streifen schneiden. Den Lauch in kochendem Salzwasser 2 Minuten blanchieren, herausnehmen, nur leicht mit kaltem Wasser abschrecken, so dass er lauwarm bleibt, und gut abtropfen lassen.

4 Die Lauchstreifen auf vorgewärmten Tellern anrichten, mit der Marinade beträufeln und mit geschnittenem Dill bestreuen. Die gebackenen Kalbsfußscheiben auflegen und ringsum etwas Kürbiskernöl auf den Teller träufeln.

Hopfen – mehr als eine Bierzutat

Die jungen Triebe der Hopfenpflanze, die im Frühjahr beim Schnitt der Stöcke gewonnen werden, bereichern unter dem Namen Hopfensprossen oder Hopfenspargel als begehrte Delikatesse die Küche der Hallertau.

Zubereitet werden die zarten Stangen wie Spargel, gekocht oder roh als Salat. Zur Saison, von Mitte März bis Anfang April, bieten einige Restaurants der Gegend die Spezialität im Rahmen einer Hopfenspargel-Woche an.

Eine weitere Spezialität gibt es in Mainburg, im Herzen der Hallertau: Hopfengold. Ein klarer Kräuterlikör mit feinwürziger Note, geschätzt als Digestif.

Hergestellt wird er in dem Familienbetrieb Lutzenburger, deren Vorfahren sich bereits 1789 mit der Veredelung von Getränken befassten.

Kalbszüngerl lauwarm mit Steinpilzsalat

1/2 kleine Zwiebel, geschält
3 Gewürznelken
1 kleine Kalbszunge, etwa 600 g
Salz
8 Pimentkörner
1 Lorbeerblatt
1 getrocknete Chilischote

Für den Steinpilzsalat:
400 g Steinpilze, geputzt
2 EL Sauerrahmbutter
1/2 kleine Zwiebel, geschält und fein gewürfelt
Salz · frisch gemahlener Pfeffer
1 Spritzer Apfelessig
1 Prise Zucker
1 reife Tomate, ohne Stielansatz und Samen, fein gewürfelt
1 kleines Bund Petersilie, abgezupft

1 Die Zwiebelhälfte mit den Nelken spicken. Die Kalbszunge in reichlich Wasser mit Salz, Piment, Lorbeer, Chili und der Zwiebel zum Kochen bringen und bei geringer Temperatur in etwa 2 1/2 Stunden weich köcheln, dabei regelmäßig abschäumen. Die Zunge ist gar, wenn sie sich an ihrer dicksten Stelle mit einer Nadel leicht einstechen lässt.

2 Die gekochte Kalbszunge herausnehmen und kurz in kaltes Wasser legen, dann lässt sie sich besser häuten. Aus dem Wasser nehmen, die weiße Haut abziehen und die Zunge bis zum Servieren in der heißen Brühe warm halten.

3 Für den Steinpilzsalat die geputzten Pilze der Länge nach in etwa 1 cm dicke Scheiben schneiden. In einer Pfanne die Butter zerlassen und die Zwiebelwürfel darin glasig dünsten. Die Steinpilze dazugeben und etwa 2 Minuten braten, sie sollen noch Biss haben. Salzen, pfeffern und die Pilze mit Apfelessig und Zucker abschmecken. Anschließend die Tomatenwürfel sowie die Petersilienblättchen unter die Pilze mischen.

4 Zum Servieren die Zunge aus der Brühe nehmen und der Länge nach in dünne Scheiben schneiden. Den Pilzsalat flach auf Teller verteilen und die Kalbszungenscheiben darauf anrichten.

Tipp: Wenn vorhanden, können Sie jeweils einen Teelöffel Bratensaft um den Pilzsalat träufeln, schmeckt lecker!

Gesurte Schweinsbackerl mit Spinatsalat und Meerrettich

4 gepökelte, magere Schweinebäckchen (beim Metzger vorbestellen)
2 Lorbeerblätter

Für den Spinatsalat:
150 g junge zarte Spinatblätter
Saft von 1 kleinen Zitrone
Salz · frisch gemahlener Pfeffer
3 EL Walnussöl
etwa 100 g frischer Meerrettich
125 g Sauerrahm
3 EL Milch

Für die Garnitur:
einige Blätter Friséesalat

1 Die Schweinebäckchen in reichlich Wasser ohne Salz mit Lorbeer in etwa 1 Stunde weich köcheln, dann vom Herd nehmen und im Sud abkühlen lassen.

2 Für den Salat die Spinatblätter putzen, waschen und trockenschleudern. Den Spinat in eine große, kalte Pfanne geben. Zitronensaft, Salz, Pfeffer und Walnussöl verrühren und über den Spinat geben. Anschließend den Spinat bei geringer Temperatur lauwarm erwärmen, er darf nicht zusammenfallen.

3 Den Meerrettich schälen und fein reiben. Den Sauerrahm mit dem geriebenen Meerrettich aromatisieren – die Menge richtet sich nach dem eigenen Geschmack. Dann die Milch sowie eine Prise Salz unterrühren und alles mit dem Pürierstab schaumig aufmixen.

4 Den Friséesalat waschen und trockenschleudern. Die Schweinsbackerl aus dem Sud nehmen und in etwa 5 mm dicke Scheiben schneiden. Den Spinatsalat mit ein paar Blättern Frisée auf vorgewärmten Tellern anrichten, die Schweinebäckchenscheiben auflegen und ringsum etwas Meerrettich-Sauerrahm-Schaum verteilen.

Tipp: Zum Garnieren dünne Meerrettichspäne von oben nach unten von der Wurzel abhobeln und über die Schweinsbackerl streuen.

Knusprige Ente aus der Lake mit Semmel-Kartoffel-Knödeln

1 Bauernente, 2,5 bis 3,0 kg
75 g Salz · 15 g Pökelsalz
1–2 EL Olivenöl

Für die Knödel:
600 g vorwiegend festkochende Kartoffeln
Salz, 4 EL Butter
600 g Knödelbrot (oder gewürfeltes Weißbrot oder Semmeln vom Vortag)
200 ml kochend heiße Milch
1 kleine Zwiebel, geschält und gewürfelt
1 Bund Petersilie, abgezupft und fein geschnitten
3 Eier
frisch gemahlener Pfeffer
frisch geriebene Muskatnuss

Für die Sauce:
100 ml Olivenöl
1 kleine Zwiebel, geschält und fein gewürfelt
1 reife Birne, das Fruchtfleisch mit Schale fein gewürfelt
frisch gemahlener Pfeffer

Für die Preiselbeeren:
150 g frische Preiselbeeren
45 g Zucker

Ausserdem
Öl oder Butter für das Blech

1 Die Ente innen und außen kalt abspülen und die Keulen am Fußende ringsum einschneiden. 3 l lauwarmes Wasser mit Salz und Pökelsalz zu einer Lake verrühren. Die Ente in einen Bräter legen, mit der Lake übergießen – sie soll überall gut bedeckt sein – und den Bräter mit Klarsichtfolie verschließen. Die Ente zwei bis drei Tage im Kühlschrank durchziehen lassen.

2 Die Ente aus der Lake nehmen und mit Küchenpapier trockentupfen. In eine Fettpfanne legen und die Ente rundherum mit Olivenöl bestreichen.

3 Die Ente bei 180 °C (Umluft) im vorgeheizten Ofen in etwa 1 $^1/_2$ Stunden kross braten, dabei regelmäßig mit dem austretenden Bratensaft übergießen. Die Ente ist gar, wenn man mit einer Fleischgabel zwischen Brust und Keule ohne Gegendruck einstechen kann.

4 Inzwischen für die Knödel die Kartoffeln schälen und fein reiben. Leicht salzen und die Kartoffeln in einem Sieb kurz ziehen lassen. In einer großen Pfanne 3 EL Butter erhitzen. Das Knödelbrot bei mittlerer Temperatur darin langsam goldgelb rösten. Mit der kochenden Milch übergießen und beiseite stellen.

5 In einer kleinen Pfanne die restliche Butter zerlassen, die Zwiebelwürfel darin glasig andünsten, die Petersilie zufügen und zusammenfallen lassen.

6 Die geriebenen Kartoffeln in einem sauberen Geschirrtuch sehr fest ausdrücken und mit den Zwiebelwürfeln und Eiern zum eingeweichten Brot geben. Die Knödelmasse mit Salz, Pfeffer und Muskat abschmecken und nochmals 20 Minuten ruhen lassen.

7 Die Ente aus dem Ofen nehmen und den Bratensaft in einen kleinen Topf gießen. Die Entenkeulen und -brüste auslösen und auf einem leicht gefetteten Blech mit der Hautseite nach oben im ausgeschalteten Ofen warm stellen.

8 Aus dem Teig 12 kleine Knödel formen und in leicht siedendem Salzwasser in etwa 20 Minuten gar ziehen lassen.

9 Für die Sauce das Olivenöl mit dem Bratensaft der Ente erhitzen, die Zwiebel- und Birnenwürfel zufügen und etwa 20 Minuten garen. Die Sauce mit Pfeffer würzen und mit dem Pürierstab sämig aufmixen.

10 In der Zwischenzeit die Preiselbeeren waschen, abtropfen lassen und in einem Topf mit dem Zucker verrühren. Die Beeren unter Rühren langsam etwa 5 Minuten erhitzen, aber nicht kochen! Von der Herdplatte ziehen und rühren, bis die Preiselbeeren lauwarm abgekühlt sind.

11 Zum Servieren die Knödel aus dem Wasser nehmen und auf Küchenpapier abtropfen lassen. Die Entenbrüste und -keulen halbieren, je ein Stück Brust und Keule auf vorgewärmten Tellern anrichten, drei Knödel daneben legen und mit der Sauce umgießen. Die Preiselbeeren separat dazu reichen.

Tipp: Die Haut wird besonders kross, wenn die ausgelösten Ententeile in einer Pfanne in Entenfett auf der Hautseite nachgebraten werden.

Frische Preiselbeeren haben im September Saison. Alternativ können Sie auch tiefgekühlte Ware verwenden. Die Zubereitung bleibt gleich.

Die Knödel nach Belieben noch mit gebräunter Butter übergießen.

Schweinsknöcherl mit Brez'n-Füllung und Äpfeln

8 Scheiben Schweinefuß, jeweils etwa 3 cm dick (beim Metzger vorbestellen)
Salz · 5 Pimentkörner
2 Gewürznelken · 1 Lorbeerblatt
frisch gemahlener Pfeffer

Für die Füllung:
2 Brez'n vom Vortag
1 EL Butter
$^1/_2$ kleine Zwiebel, geschält und fein gewürfelt
100 g Geflügelleber, geputzt und fein gewürfelt
50 ml kochend heiße Milch
1 Ei
1 keines Bund Petersilie, abgezupft und geschnitten
Salz · frisch gemahlener Pfeffer

Ausserdem:
200 g Schweinenetz (beim Metzger vorbestellen), 1 Stunde kalt gewässert
Olivenöl zum Braten
2 säuerliche Äpfel (etwa Cox Orange)
2 EL Zucker
1 TL kalte Butter

1 Die Schweinefußscheiben abspülen, in einem Topf mit Salzwasser bedecken und langsam zum Kochen bringen, dabei regelmäßig abschäumen. Die Scheiben bei geringer Temperatur 1 $^1/_2$ Stunden köcheln lassen, dann Piment, Nelken und Lorbeer zufügen. Nach einer weiteren Stunde sollten die Knöcherl gar und die Schwarte schön weich sein.
2 Die Schweinefußscheiben aus dem Sud nehmen und $^1/_2$ Stunde abkühlen lassen. Mit einem kleinen scharfen Messer vorsichtig an der Innenseite der Schwarte entlang schneiden und das Fleisch rund um die Knorpel auslösen, darauf achten, dass die Schwarte unverletzt bleibt. Die Schwartenringe beiseite legen und das an den Knorpeln anhängende Fleisch auslösen, fein schneiden und beiseite stellen.
3 Für die Füllung die Brez'n in etwa 1 cm dicke Scheiben schneiden. In einer Pfanne $^1/_2$ EL Butter zerlassen und die Brez'nscheiben darin hellbraun rösten. In einer zweiten Pfanne die Zwiebelwürfel mit der Geflügelleber in der restlichen Butter kurz andünsten.
4 Die gerösteten Brez'n mit der kochend heißen Milch übergießen und 5 Minuten quellen lassen. Anschließend das Ei, die geschnittene Petersilie sowie die Zwiebel-Leber-Mischung und das Knöcherlfleisch dazugeben. Die Masse mit Salz und Pfeffer würzen, alles gut vermischen und nochmals ein paar Minuten quellen lassen.
5 Die Arbeitsfläche mit Klarsichtfolie auslegen. Das Schweinenetz trockentupfen, in 8 gleich große Stücke schneiden und diese auf der Folie ausbreiten. Die Schwartenringe jeweils in die Mitte setzen und vorsichtig mit der Brez'nmasse füllen. Die gefüllten Fußscheiben in das Schweinenetz einschlagen, überstehende lange Enden abschneiden und den Rest leicht umschlagen.
6 In einer Pfanne mit hitzebeständigem Griff etwas Olivenöl erhitzen und die Fußscheiben mit der Nahtseite nach unten darin leicht anbraten. Vom Herd nehmen und die gefüllten Schweinsknöcherl anschließend bei 180 °C im vorgeheizten Ofen in 12 bis 15 Minuten goldbraun braten, dabei mehrmals mit dem austretenden Fett übergießen. Die Fußscheiben herausnehmen und kurz auf Küchenpapier abtropfen lassen.
7 Die Äpfel mit der Schale vierteln, jeweils das Kerngehäuse entfernen und das Fruchtfleisch in etwa 1 $^1/_2$ cm breite Spalten schneiden. Den Zucker in einer Pfanne bei mittlerer Hitze hellbraun karamellisieren und die Apfelspalten darin glasieren. Zum Schluss die kalte Butter zufügen und die Apfelspalten darin schwenken.
8 Die gefüllten Schweinsknöcherl mittig auf vorgewärmten Tellern arrangieren, mit den Apfelspalten umlegen und mit etwas Karamell garnieren.

Tipp: Dazu sollte man ein jahreszeitlich passendes Salatbukett aus Feld-, Endivien- oder Kopfsalat servieren.

Tellerfleisch im Spitzkrautblatt mit Rote Bete

800 g flache Ochsenschulter
(wenn möglich die Spitze – beim Metzger vorbestellen)
Salz
1 Möhre, geschält und gewürfelt
1 kleine Sellerieknolle, geschält und gewürfelt
1 kleine Lauchstange, geputzt und in Streifen geschnitten
je 2 Gewürznelken und Pimentkörner
1 getrocknete Chilischote
$1/2$ TL Kümmel
1 kleiner Kopf junges Spitzkraut
3 EL Butter
2 Zwiebeln, geschält und fein gewürfelt
150 g Champignons (Egerlinge), geputzt und in Scheiben geschnitten
frisch gemahlener Pfeffer
1 Bund Schnittlauch, gewaschen und fein geschnitten

Für die Roten Bete:
500 g Rote Bete
1 TL Kümmel
2 Lorbeerblätter
Meersalz
100 ml Apfelessig
1 EL Zucker
1 EL Butter

1 Das Fleisch abspülen. Reichlich Salzwasser zum Kochen bringen, die Schulter einlegen, die Temperatur reduzieren und das Fleisch unter mehrfachem Abschäumen 2 bis 2 $1/2$ Stunden köcheln lassen, bis es zart und weich ist.
2 Eine Stunde vor Ende der Garzeit das vorbereitete Gemüse zugeben, nach weiteren 30 Minuten die Gewürze.
3 In der Zwischenzeit die Roten Bete waschen, abbürsten und in einem Topf mit Wasser bedecken. Kümmel, Lorbeer, Salz, Essig und Zucker dazugeben und die Roten Bete bei mittlerer Temperatur etwa 1 Stunde zugedeckt köcheln lassen, bis sie weich sind – je nach Größe kann das auch etwas länger dauern. Anschließend abgießen, die Roten Bete schälen und in etwa 2 cm breite Spalten schneiden.
4 Anschließend 8 schöne große Spitzkrautblätter abnehmen, in kochendem Salzwasser etwa 1 Minute blanchieren und kalt abschrecken. Die Krautblätter auf Küchenpapier abtropfen lassen und jeweils die dicke Mittelrippe herausschneiden.
5 In einer kleinen Pfanne 1 EL Butter zerlassen, die Zwiebelwürfel und Champignonscheiben darin anschwitzen, mit Salz und Pfeffer würzen und beiseite stellen.
6 Die Schulter aus dem Sud nehmen und in etwa 1 $1/2$ cm dicke Scheiben schneiden. Sollten sie für die Krautblätter zu groß sein, die Fleischscheiben halbieren. Den Sud aufbewahren.
7 Die Krautblätter auf einer Arbeitsfläche auslegen, die Zwiebel-Pilz-Mischung darauf verteilen, jeweils eine Scheibe Fleisch darauf legen und das überstehende Kraut kreuzweise einschlagen.
8 In einer Pfanne 1 EL Butter zerlassen, die Krautpäckchen mit der Naht nach unten hineinsetzen und etwa 1 $1/2$ cm hoch mit dem Kochsud der Ochsenbrust aufgießen. Anschließend die Krautpäckchen zugedeckt bei mittlerer Temperatur in etwa 5 Minuten fertig garen.
9 Kurz vor dem Servieren die Rote-Bete-Spalten in einem kleinen Topf in der Butter schwenken. Die Krautpäckchen aus der Pfanne nehmen, den Sud mit der restlichen Butter sämig einkochen und mit Schnittlauch verfeinern.
10 Das Tellerfleisch im Spitzkrautblatt auf vorgewärmten Tellern mittig anrichten, mit Rote-Bete-Spalten umlegen und mit etwas Schnittlauchsauce beträufeln.

Tipp: Frisch darüber gehobelte Meerrettichspäne sind dekorativ und runden das Gericht wunderbar ab.

Gebackene Zwetschgen mit Topfensauce

Herbstvergnügen

Alljährlich im Oktober lädt das am Fuße des Wendelsteins gelegene Moorbad Bad Feilnbach zum Apfelmarkt. Geboten werden an den Ständen des weit über die Region hinaus beliebten Marktes natürlich in erster Linie Äpfel und daraus hergestellte Produkte wie Apfelwein, Apfelessig oder Apfelbrot und hervorragende Obstbrände von den einheimischen Bauern.

Im Festzelt spielt die Musi, ein Kinderkarussell begeistert die Kleinen und Schmankerl wie Steckerlfisch und Apfelkücherl verlocken die zahlreichen Besucher zum Verweilen.

12 reife Zwetschgen
50 g Nougat
50 g Marzipanrohmasse
1 cl Zwetschgenschnaps
2 Eier
etwas Mehl

Für die Topfensauce:
100 g Topfen (40 % Fett)
$^{1}/_{2}$ Vanilleschote
50 ml Milch
30 ml Zuckersirup (Fertigprodukt)
abgeriebene Schale
von $^{1}/_{2}$ unbehandelten Zitrone

Ausserdem:
Pflanzenfett zum Braten
50 g Zimtzucker
Blütenblätter oder frische Minze
zum Garnieren

1 Die Zwetschgen waschen, abtropfen lassen, halbieren und entsteinen. Nougat, Marzipanrohmasse und Zwetschgenschnaps sehr gut miteinander vermengen. Die Nougat-Marzipan-Masse in 12 Zwetschgenhälften verteilen und diese mit den restlichen Zwetschgenhälften verschließen.

2 Für die Sauce den Topfen durch ein feines Sieb streichen. Das Mark aus der Vanilleschote herauskratzen. Mit einem Schneebesen den Topfen mit der Milch, dem Zuckersirup, der Zitronenschale und dem Vanillemark glatt rühren.

3 Die Eier schaumig aufschlagen. Die Zwetschgen ringsum in Mehl wenden und leicht abklopfen, dann in die verquirlten Eier legen.

4 In einer Pfanne das Pflanzenfett erhitzen. Die in Ei gewendeten Zwetschgen darin bei mittlerer Hitze von allen Seiten goldgelb ausbacken, herausnehmen und kurz auf Küchenpapier abtropfen lassen. Anschließend in Zimtzucker wälzen und die gebackenen Zwetschgen in tiefen Tellern mittig platzieren.

5 Die Topfensauce mit dem Pürierstab kurz aufschäumen und vorsichtig um die Zwetschgen ziehen, alles mit einem Blütenblatt oder einem Blatt Minze garnieren und servieren.

Tipp: Milcheis oder Schokoladeneis sind die idealen Begleiter zu diesem köstlichen Dessert.

Sommer-Sonntags-Gaudi

Mitte Juli findet in München, am Chinesischen Turm, ein besonderes Fest statt: der Kocherl-Ball.

Im 19. Jahrhundert nutzten Bedienstete und Küchenpersonal die einzige arbeitsfreie Zeit der Woche – den Sonntagmorgen – um ausgelassen zu feiern. Danach ging es wieder an die Arbeit. Aus „Mangel an Sittlichkeit" wurde dieses Vergnügen 1904 verboten.

Aus der alten Tradition entwickelte sich der „neue" Kocherl-Ball, der seit 1989 jedes Jahr tausende Münchner in aller Frühe aus den Federn treibt. Beginn ist um 6 Uhr morgens, aber wahre Fans kommen bereits um 5 Uhr, um sich die besten Plätze zu sichern – ausgerüstet mit deftigen Brotzeiten, Kissen, Decken, Kerzenleuchtern und überwiegend in Tracht oder kostümiert als „Herrschaft" oder Küchenpersonal, „Kocherl" eben.

Getanzt wird natürlich auch – und wie: Unter Anleitung eines Tanzmeisters begeistern bayerische Volkstänze Jung und Alt.

Rumpfhauben mit Apfelkompott

Für den Teig:
500 g Mehl
2 Eier
1 Prise Salz
$^1/_4$ Würfel Hefe,
mit 2 EL Wasser angerührt

Ausserdem:
2 große oder 3 kleine Äpfel (Boskoop)
$^1/_2$ l Milch
50 g Butter
1 EL Zucker
etwas Zimtzucker nach Belieben

1 In einer Schüssel oder auf einem Holzbrett aus Mehl, 100 ml Wasser, Eiern, Salz und der angerührten Hefe einen Teig – ähnlich wie einen Nudelteig – herstellen und $^1/_2$ Stunde abgedeckt ruhen lassen. Anschließend den Teig zu einer Rolle von etwa 4 cm Durchmesser formen und 1 cm breite Scheiben abschneiden. Die Teigstücke mit dem Rollholz zu etwa 2 mm dicken, untertellergroßen Fladen ausrollen. Diese abgedeckt noch einmal etwa $^1/_4$ Stunde ruhen lassen.

2 Inzwischen die Äpfel schälen, jeweils das Kerngehäuse entfernen und das Fruchtfleisch und in etwa 2 cm breite Spalten schneiden.

3 In einem hohen schweren Topf mit gut schließendem Deckel die Milch mit der Butter aufkochen. Den Zucker dazugeben und die Apfelspalten gleichmäßig im Topf verteilen. Die Teigfladen mit den Fingern jeweils in der Mitte hoch nehmen und dicht an dicht wie „Zelte" nebeneinander in die heiße Milch stellen. Sofort den Deckel fest aufsetzten, die Temperatur reduzieren und alles bei mittlerer Temperatur $^1/_2$ Stunde köcheln lassen. Der Dampf hält die Hauben in Form. Am Schluss müssen sie schöne braune, saftige, Ränder haben. Aber Achtung: Wenn die ganze Milch aufgesogen ist, können die Rumpfhauben schnell anbrennen!

4 Die Rumpfhauben mit den Apfelspalten auf vorgewärmten Tellern anrichten und servieren. Wer mag, bestreut sie noch mit etwas Zimtzucker.

Tipp: Das Rezept funktioniert auch ohne Äpfel. Die Rumpfhauben schmecken mit einem selbst gemachten Kompott, etwa aus Mirabellen, Zwetschgen oder Birnen, ebenfalls ausgezeichnet.

INRI
R·I·P

OSTBAYERN

Niederbayern | Oberpfalz

G'selchtes und G'wichste, Zwurlsuppe und Pichelsteiner

Kulinarisch hat Ostbayern einiges zu bieten. Wie überall in Bayern ist die Küche stark regional geprägt, im Gäuboden etwa wurde bei den wohlhabenden Bauern meist üppiger gekocht, während in den waldreichen Gegenden im Osten eher „Schmalhans" Küchenmeister war. Im Laufe der Zeit bereicherten dann Gerichte aus dem angrenzenden Österreich und Böhmen den Speiseplan. Aus der Armeleuteküche von einst wurde eine feine Küche, die auch verwöhnte Gourmets erfreut.

Einfache Mahlzeiten wie Mehl- und Kartoffelspeisen sowie Eintöpfe waren früher an der Tagesordnung, *Brot-* oder *Pfannenkuchensuppe* etwa typische Alltagsgerichte. Für die Brotsuppe wurde altbackenes Brot mit etwas Fett und Wurzelgemüse angebraten, mit Brühe aufgekocht und dann mit Sauerrahm und Schnittlauch abgeschmeckt.

Wenn statt Brot eine Einlage aus Roggenmehl und Ei in die Brühe gerührt wurde, entstand daraus die *Zwurlsuppe*. Der üppigere *Pichelsteiner* Eintopf gelangte angeblich durch Otto von Bismarck auch im „preußischen Ausland" zu Berühmtheit und findet sich nach wie vor auf vielen Speisekarten.

Fingernudeln oder *Bauchstecherl* – fingerlange, aus Kartoffelteig gefertigte Nudeln, die goldgelb in Fett gebraten werden – sind ostbayerische Spezialitäten. Sie werden als Hauptmahlzeit oder Beilage serviert, salzig mit Kraut oder gezuckert mit Kompott.

Ebenfalls beliebt: *Hasenöhrl*, rautenförmig ausgestochener Hefeteig, der in Fett ausgebacken zur Suppe, zum Eintopf oder Schmorfleisch gereicht wird. Das traditionell mit Kümmel gewürzte Gebäck schmeckt ganz hervorragend zu Wildragout. Hasenöhrl isst man aus der Hand, und wie bei Fingernudeln gibt es auch davon eine süße Variante.

Kartoffeln sind ein wesentlicher Bestandteil der Küche in Ostbayern. Nach der verheerenden Hungersnot 1816 wurde der Anbau der „*Erdbirn*" intensiviert. In der Gegend von Regensburg und Schwandorf liegt heute das Hauptanbaugebiet. Zu den tollen Knollen hat die Küche allerdings weit mehr zu bieten als die „berühmte" saure Milch.

Sonntags und zu festlichen Anlässen wurde auch schon mal ein Braten aufgetischt. Leibspeise mit Tradition ist im Bayerischen Wald *Schweinsbraten mit Kraut und Reiberknödel*. Rinder und Schweine wurden früher allerdings vor allem zur Winterzeit geschlachtet, da man auf die Kühlmöglichkeiten der Natur angewiesen war. Um das Fleisch auch über den Winter hinaus haltbar zu machen, wurde es gepökelt und geräuchert (geselcht). *G'selchtes und G'wichste (Schwarzgeräuchertes und Roggenknödel)* sind seither das niederbayerische Traditionsgericht schlechthin.

Je nach Landschaft gibt es zudem vielerlei Spezialitäten vom *Lamm*, *Wild* oder *Wildschwein*. Das zarte Fleisch vom Wildschwein etwa wird gern als Braten oder Ragout mit einheimischen *Pilzen* zubereitet. Eine weitere Spezialität der Region sind würzige *Wildschwein-Bratwürste, -Salami und -Schinken*.

Im Land der „Tausend Seen und Teiche“, der nördlichen Oberpfalz, gibt es eine Vielzahl exzellenter *Speisefische*, allen voran *Karpfen*. Rund drei Viertel der in Deutschland verspeisten Karpfen sind echte Oberpfälzer.

Im waldreichen Ostbayern wurden immer schon Kräuterschnäpse und -liköre gebrannt. Blutwurz, auch als Tormentill bekannt, ein herb-bitterer Likör, wird aus der Wurzel der Blutwurz-Pflanze gewonnen. Seit jeher werden die Wurzeln auch medizinisch genutzt und zur Wundbehandlung sowie gegen eine Vielzahl von Erkrankungen verwendet.

Bärwurz ist ein Destillat aus der Wurzel der Bärwurz-Pflanze. Er ist farblos, klar und sein typisches Aroma erinnert an Wald und Moos. Auf den Magen wirkt er wohltuend, weshalb er gern als Digestif nach einem reichhaltigen Essen getrunken wird.

Im ersten Bayerischen Schnapsmuseum in Hauzenberg-Jahrdorf lässt sich eine historische Schwarzbrennerei besichtigen. Die Destillate können hier auch probiert werden!

Außergewöhnliche Landschaften – der Bayerische Wald ist das größte zusammenhängende Waldgebiet Mitteleuropas – mit klaren Gewässern, massiven Bergrücken und breiten Tälern, weitem Ackerland und der Flusslandschaft der Donau machen den besonderen Reiz Ostbayerns aus. Aber nicht nur Naturfreunde kommen auf ihre Kosten: Wer sich für Kunst interessiert, findet im „Land der 100 Burgen“ viele lohnende Ziele.

Niederbayern

Hier trifft man die etwas anderen Bayern: Sie jodeln nicht und tragen keine kurzen Lederhosen. Wer aber das Authentische, das Ur-Bayerische sucht, der ist in Niederbayern goldrichtig, denn hier stand die Wiege der Bayern. Im Donauraum um Straubing formierte sich im 5. Jahrhundert der Stamm der Bayern. Auch die weiß-blauen Rauten der bayerischen Fahne stammen aus der Straubinger Gegend, denn von den Grafen von Bogen erbten die Wittelsbacher einst das Rautenwappen.

Genau im geographischen Zentrum Bayerns liegt die gotisch geprägte Stadt **Kelheim** an der Donau. Kulinarischer Mittelpunkt der Stadt und bei Bierfreunden berühmt ist das *Weiße Brauhaus*. In der ältesten bekannten Weißbierbrauerei wird neben der *Schneider Weisse* der *Aventinus Weizendoppelbock*, das erste Weizenstarkbier Bayerns, gebraut. Und das nicht nur zur Fastenzeit, sondern ganzjährig! Für diese Spezialität wurden die Kelheimer Brauer bereits mit dem *„Golden European Beer Star Award“*, prämiert, eine der begehrtesten Auszeichnungen der Branche.

Zum nahen **Kloster Weltenburg** gelangt man zu Fuß auf einem gut beschatteten Wanderweg oder mit dem Schiff. Von Kelheim aus geht es stromaufwärts vorbei an der Befreiungshalle Ludwigs I. durch die wildromantische Schlucht des Donaudurchbruchs. Am Ziel, inmitten der barocken Klosteranlage von Weltenburg, findet man einen der schönsten Biergärten Bayerns. Die Benediktiner brauen mit eigenem Juraquellwasser nach einem uralten Rezept.

Zum traditionsreichen Dunkelbier schmecken Weltenburger *Klosterwurst* und *Klosterkäse*, aber auch ein deftiger Schweinebraten. In der Vorweihnachtszeit findet auf dem Klostergelände ein romantischer Adventsmarkt statt.

Folgt man der Abens, einem Zufluss der Donau, stromaufwärts, erreicht man „das nördliche Tor zur **Hallertau**“, die Stadt **Abensberg**. Hier feiern die Hallertauer im September den *Gillamoos*, den ältesten und größten Jahrmarkt im Hopfenanbaugebiet Hallertau. Ursprung des Festes war ein Pferdemarkt, der bereits 1313 beim Kirchlein „St. Gilg im Moos“ stattfand.

Auf den sandigen Böden im Abensberger Land gedeiht vorzüglicher *Spar-*

gel. Von Ende April bis zur Sonnenwende dreht sich hier alles um das Wärme liebende Stangengemüse. Vor einiger Zeit wurden für den *Abensberger Spargel* Sonderrichtlinien für die Produkteigenschaften festgelegt, die eine überdurchschnittliche Qualität sicherstellen.

Auf dem Gelände der *Kuchlbauer-Brauerei* entsteht nach Plänen des österreichischen Künstlers der *„Hundertwasser-Kuchlbauer-Weißbierturm"*. Bereits in der Planung sorgte er für Aufsehen: Weiche Linien, unebene Wände, Fußböden in Bruchkeramik, echte Bäume auf den Dachvorsprüngen, knallbunte Fassade. Die feinhefige *Kuchlbauer Weisse* wird übrigens genau wie Champagner ausschließlich in der Flasche gegärt. Die Brauerei bietet Führungen mit Verkostung an.

Landshut, Sitz der niederbayerischen Regierung und im Mittelalter ein blühendes Handelszentrum, ist wegen einer prunkvollen Hochzeit weltbekannt, die dort im Jahr 1475 stattfand. Der bayerische Herzog Georg der Reiche und die polnische Königstochter Hedwig gaben sich damals das Jawort. Weil es gar so schön war, wird die *Landshuter Hochzeit* alle vier Jahre von Landshuter Bürgern mit Hingabe, Temperament und Liebe zum Detail nachgespielt. Das gotische Stadtensemble mit der *Burg Trausnitz* und der *Martinskirche*, mit dem höchsten Backsteinkirchturm der Welt, bietet eine authentische Kulisse. Wie anno dazumal lässt es sich rustikal tafeln auf dem Festgelände an der *Grieserwiese* direkt an der Isar. Karten für Tribünen und Darbietungen sind heiß begehrt und entsprechend früh ausverkauft. Ein Tipp für Ungeduldige: Weniger bekannt ist (noch) die *Comedia Musicale* – ein Fest für Ohren, Augen und Gaumen im Innenhof der Burg Trausnitz. Es findet jährlich im Juni statt.

In dem sehr schön renovierten Hotel *„Goldene Sonne"* wird ein *Biermenü* angeboten mit Brezensuppe, Spanferkel und Kaiserschmarrn – alles traditionelle Gerichte dieser Region.

In Niederbayern findet sich Europas größtes zusammenhängendes Anbaugebiet für Gurken. Der größte Teil dieser Freilandgurken, die zu Gewürzgurken verarbeitet werden, kommt aus Landshut, Dingolfing, Deggendorf und Straubing. Der Export der fein-würzig eingelegten Gurken in EU-Länder und die Staaten des ehemaligen Ostblocks hat in den letzten Jahren stark zugenommen.

Im **Landkreis Rottal-Inn** haben sich die Biobauern der Region zu einem Regionalvermarktungsprojekt, den *Plingansern*, zusammengeschlossen. Gewählt wurde der Name zu Ehren des im frühen 18. Jahrhundert lebenden Rottaler Bauernführer *Plinganser*. Qualitätsbewusste Verbraucher der Region schätzen Fleisch und Wurst, Brot, *Plinganser Bier*, Säfte, Honig, Schnäpse und Most von den in dieser Gegend besonders gut gedeihenden Äpfeln.

Weiter im Norden, südlich der Donau, schließt sich eine überaus fruchtbare Kulturlandschaft an: Die Kornkammer Bayerns, der *Gäuboden*. Die Straubinger Landwirte galten als die *Bauernkönige vom Gäuboden*.

In **Straubing** wird jedes Jahr im August das *Gäubodenfest* gefeiert. Hervorgegangen aus einem landwirtschaftlichen Vereinsfest, hat es sich mittlerweile zum zweitgrößten Volksfest in Bayern entwickelt. Von der heiteren Atmosphäre, dem Vergnügungspark und nicht zuletzt von knusprig gebratenen *Giggerl* (*Hähnchen*), Ochs vom Spieß, Steckerlfisch, frisch gezapftem Bier und Riesenbrezen werden alljährlich etwa 1,2 Millionen Besucher angezogen.

Alle vier Jahre wird hier zudem ein Drama shakespeareschen Ausmaßes aufgeführt, das *Agnes-Bernauer-Spiel*, zum Gedenken an die unglückliche Liebe der Augsburger Baderstochter zum bayerischen Erbprinzen Albrecht.

Deggendorf, an einem uralten Flussübergang über die Donau gelegen, ist das *Tor zum Bayerischen Wald*, umgeben von reizvoller Landschaft zwischen Vorwald und Donauebene sowie einzigartigen Auen an der Isarmündung. Heißgeliebte Spezialität hier sind *Deggendorfer Knödel*, eingeweichte Semmeln in Teighülle. Die Sage erzählt, dass einer dieser Knödel – als Wurfgeschoss verwendet – im Jahre 1266 die Belagerung Deggendorfs durch Ottokar von Böhmen beendete und die feindlichen Truppen zum Abzug bewegte ...

Wenige Kilometer vor der Stadt befindet sich mit **Schloss Egg** die wohl älteste und noch vollkommen erhaltene Burganlage in den Vorbergen des Bayerischen Waldes. Wo früher unter den Gewölben Rösser schnaubten, wird heute getafelt. Der Burgstall ist zum Restaurant umgebaut und die romantische Kapelle ein beliebter Ort für Trauungen.

Sehenswert sind auch die beiden im 8. Jahrhundert gegründeten Benediktinerklöster **Metten** und **Niederalteich** mit ihren barocken Kirchen. Der Einfluss der beiden Rodungsklöster reichte seinerzeit bis in die Wachau, die Mönche waren maßgeblich an der Erschließung der ostbayerischen Wälder beteiligt.

Donauabwärts, nahe der Grenze zu Österreich, liegt die Drei-Flüsse-Stadt **Passau**, ein bedeutendes historisches Handelszentrum. Die günstige Lage an Inn, Donau und Ilz verlieh der Stadt eine beinahe monopolartige Stellung für den Handel mit *Reichenhaller Salz*, das von hier aus stromaufwärts bis Regensburg, stromabwärts bis nach Wien transportiert wurde. Ihr barockes, südländisches Erscheinungsbild verdankt die Stadt italienischen Baumeistern, die nach einem Brand im Jahre 1662 für den Wiederaufbau verantwortlich zeichneten. Dort wo die Flüsse Inn und Ilz in die blaue Donau fließen, lässt sich ein faszinierendes Farbenspiel beobachten: Das grüne Wasser des Inns und das fast schwarze Wasser der Ilz färben über eine lange Strecke das Wasser der Donau dreifarbig.

Die Stadt ist heute ein multikulturelles Kultur- und Einkaufszentrum mit hohem Freizeitwert. Von Mitte Juni bis Ende Juli wird Passau und Umgebung alljährlich Veranstaltungsort im Rahmen der *Europäischen Wochen*. Das Festival findet länderübergreifend in Ostbayern, Oberösterreich und Böhmen statt und zählt zu den bedeutendsten europäischen Kulturfestivals.

Am *Goldenen Steig*, einer alten Handelsroute, liegt **Waldkirchen**. Jeweils am zweiten Samstag im August findet hier die *Waldkirchner Dreschersuppe* statt. Bei diesem Spektakel, das altes bäuerliches Handwerk nachstellt, wird auf dem Marktplatz Korn nach alter Manier mit Dreschflegel und Dreschwagen gedroschen. Natürlich muss danach gefeiert werden: mit Musik und Tanz.

Ein etwas außergewöhnlicher Wettstreit wird an jedem dritten Juli-Wochenende im nahen **Perlesreut** ausgetragen: das *Schmalzlerfest*. Schmalzler ist der bayerische Begriff für Schnupftabak. Höhepunkt des Festes ist der *Schnupfer-Wettbewerb*. Jeder, der möchte, darf mitmachen. Ein großer Pferdemarkt und viele Jahrmarkt-Attraktionen sorgen für eine abwechslungsreiche Kulisse.

Weniger deftig geht es bei den *Perlesreuter Passionsspielen* zu. Bereits im 17. Jahrhundert wurde hier ein Passionsspiel aufgeführt. 2005 wurde diese Tradition in Partnerschaft mit der tschechischen Gemeinde Höritz wieder aufgenommen.

Das Städtchen **Freyung**, Luftkurort am Rande des Nationalparks Bayerischer

Wald, verdankt seinen Namen der Tatsache, dass Siedler, die sich hier in den Waldregionen niederließen, um zu roden und Landwirtschaft zu betreiben, von den Passauer Fürstbischöfen mit einer mehrjährigen Steuerbe-„freiung“ belohnt wurden. Das Renaissanceschloss *Wolfstein* gehört zu den Sehenswürdigkeiten der Stadt.

Auf einer Fläche von 243 qkm zwischen **Finsterau** und **Bayerisch-Eisenstein** liegt der **Nationalpark Bayerischer Wald**, an der Grenze zur Tschechischen Republik. Diese einmalige, vom Menschen fast gänzlich unberührte Wald- und Mittelgebirgslandschaft bleibt ihrer eigenen Entwicklung überlassen. Wölfe, Luchse, Wanderfalken und Schwarzstörche haben sich in diesem Urwald wieder angesiedelt. Über 300 km gut markierte Wanderwege erschließen die charakteristischen Landschaften des Nationalparks: stille Mooren, dunkle Seen, klare Bergbäche und hohen Gipfel mit fantastischen Ausblicken.

Mehr als 200 km markierte Radwege durchziehen den Nationalpark und verbinden so für Fußgänger und Radfahrer an den drei Grenzübergängen bei **Ferdinandsthal**, **Gsenget** und **Buchwald** den Nationalpark Bayerischer Wald mit dem tschechischen *Nationalpark Sumava*.

Im Herbst gibt es in den Wäldern jede Menge Pilze – hier *Schwammerl* genannt. Wer seine Kenntnisse auf diesem Gebiet vertiefen möchte, kann sich an *Wolfgang Bachmeier* in **Büchlberg** wenden. Der geprüfte Pilzsachverständige organisiert Wanderungen und Seminare zum Thema. Die schmackhafte Zubereitung der gesammelten Pilze gehört mit zum Programm!

In **Regen** wurde der wohl bekannteste Eintopf Deutschlands, der *Pichelsteiner*, erfunden. Der Legende nach entstand das Gericht 1742, als eine Bäuerin den wegen seiner Grausamkeit berüchtigten Pandurenobrist Franziskus Freiherr von der Trenck verpflegen musste. Als Zutaten standen ihr nur Kartoffeln, Kraut, Rüben und einige Fleischreste zur Verfügung. Sie machte jedoch das Beste daraus, kochte alle Zutaten in einem großen Kessel, der an einem Haken (*Pichel*) über dem Feuer hing und servierte dem Krieger diesen Eintopf. Das Erfolgsrezept überdauerte die Zeit und

wird heute noch gern in den verschiedensten Varianten gegessen. Jedes Jahr im Juli feiern die Bürger der Stadt ihr *Pichelsteinerfest* mit stimmungsvollen Wasserspielen, Umzügen, Gondelfahrten und Festbier.

Der Bayerische Wald ist natürlich auch Heimat vieler unheimlicher Gesellen. Besonders in **Sankt Englmar** treiben *Rauhwuggerl*, *Lucia*, das *bluadige Dammerl* und die *Hoberngoas* ihr gespenstisches Unwesen zwischen Weihnachten und Heilig-Drei-König.

Oberpfalz

Eine der historisch und kulturell reizvollsten Städte Bayerns, **Regensburg**, ist zugleich Hauptstadt der Oberpfalz. Die Römer bauten den Ort zum mächtigen Legionslager aus, im 8. Jahrhundert wurde die Stadt Bistum und die Bajuwarenherzöge machten sie zur ersten bayerischen Hauptstadt.

Am nördlichsten Punkt der Donau gelegen, war die Stadt im Mittelalter eine bedeutende Handelsmetropole und 143 Jahre lang Sitz des *Immerwährenden Reichstages*. Mächtige Kaufleute und die Fürsten von Thurn und Taxis gestalteten das Stadtbild nach italienischem Vorbild. Das alte Rathaus demonstriert die Macht und den Stolz der Bürgerschaft. Die *Steinerne Brücke*, das älteste deutsche Brückenbauwerk, war Jahrhunderte lang der einzige Übergang über die Donau. Enge Gassen, die weiten Plätze mit ihren kleinen Läden, zahllosen Kneipen, Restaurants und Straßencafés, erinnern tatsächlich an das Flair südlicher Städte. Regensburg hat übrigens die größte Kneipendichte in Deutschland!

Klassische kulinarische Spezialität sind die *Bratwürste* aus der weltweit ältesten Bratwurst-Küche, der *Historischen Wurstkuchl*, an der Steinernen Brücke. Bereits im 12. Jahrhundert stärkten sich hier die Handwerker der Brückenbauhütte. Serviert werden die kurzen Würste mit *Schwarzer Kipferln* und Sauerkraut. Wer nach scharfem Senf fragt, lernt dazu: In der Wurstkuchl gibt es ausschließlich nach historischem Rezept zubereiteten süßen Senf. Das Familienunternehmen *Händlmaier* stellt ihn neben anderen Spezialitäten nach altem Rezept der Firmengründerin her. Auch die *Knackersemmel mit Allem* gehört zu den Regensburger Schmankerln. Knacker heißen sie deshalb, weil sie aus

Genickfleisch, auf bayerisch *„Gnack"*, gemacht sind.

Mit etwas mehr als vier Hektar ist Regensburg das kleinste Weinanbaugebiet Deutschlands. Bereits die Römer hatten die ersten Reben an den Donauhängen gepflanzt.

In Karger und Kruckenberg, etwa 20 km südöstlich von Regensburg, entstehen feine, leichte Weine, die mit denen der Wachau vergleichbar sind. Die rare Ausbeute wird ungern und deshalb nur sehr teuer in Weinstuben angeboten.

Alljährlich Anfang Februar findet in **Berching** Bayerns größtes Wintervolksfest, der *Berchinger Rossmarkt* statt. Als wirtschaftliches Zentrum des Sulzgaues war die Stadt seit dem Mittelalter ein bedeutender Marktplatz für die Versorgung des bäuerlichen Hinterlandes. Bereits im 13. Jahrhundert war Berching das Marktrecht verliehen worden. Jedes Jahr ziehen das Fest und die zahlreichen Marktstände bis zu 30 000 Besucher an. Zahllose Händler verwandeln das mittelalterliche Städtchen mit seinen 13 Türmen und vier Stadttoren in einen einzigen Marktplatz. Höhepunkt des Markttages sind unbestritten die Pferde. An diesem Tag werden im Zentrum von Berching an die 150 Pferde und Gespanne zur Schau gestellt, zur Feier des Tages mit prächtigen Geschirren geschmückt. Einst zogen die Pferde schwere Baumstämme aus den unwegsamen Wäldern. *Rückerpferde* werden die riesigen, muskulösen Tiere deshalb genannt. Die so genannte *Rossgeschau* diente ursprünglich der Seuchenverhütung. Alle Pferde der Umgebung mussten vorgeführt und amtsärztlich beschaut werden.

Beim Fest sitzen Touristen zwischen Einheimischen in und vor den vielen historischen Wirtsstuben und probieren sich durch die Oberpfälzer Küche. Spezialitäten vom *Lamm*, mächtige *Brotzeitplatten* und geräucherte *Bratwürste mit Kraut* – dazu ein dunkles Bier oder ein naturtrüber Apfelsaft des Berchinger **Klosters Plankstetten**. Es kann auch ein *Hefeweizen* vom *Neumarkter Lammsbräu* sein. Die kleine Brauerei braut rein ökologisch – vom Wasser aus eigenem Brunnen über Weizen- und Gerstenmalz aus der eigenen Mälzerei bis hin zu den Hopfendolden in Bio-Qualität.

In der kleinen Marktgemeinde **Breitenbrunn** im idyllischen **Altmühltal** findet alljährlich im September das wohl größte historische Fest der Oberpfalz statt: Das *Tilly-Fest*. Zwei Tage gleicht der Ort dann einem riesigen, mittelalterlichen Heerlager. Wohin man schaut, Zelte und Soldaten, Schwedische Dragoner, bayerische Kürassiere, dazwischen Bänkelsänger und Zigeuner. Und was natürlich nie fehlen darf: zahlreiche Imbiss-Buden und Schänken, in denen Marktfrauen Bier, Wein und Hochprozentiges ausschenken.

Mit dem Tilly-Fest wurde eine jahrhundertealte Tradition zu neuem Leben erweckt. Die Geschichte des Marktes Breitenbrunn, der um 863 zum ersten Mal urkundlich erwähnt wird, ist eng mit dem Namen Tilly verbunden. Johann Tserclaes Graf von Tilly war einer der erfolgreichsten Heerführer im Dreißigjährigen Krieg. Im Namen der katholischen Liga, die von Kaiser Ferdinand II. von Österreich und Kurfürst Maximilian I. von Bayern angeführt wurde, kämpfte er gegen die Protestanten. Deren Haupt und zugleich Tillys erbittertster Widersacher war der schwedische König Gustav Adolf II. In Anerkennung seiner überragenden militärischen Verdienste verlieh Kurfürst Maximilian Tilly 1624 die Herrschaft über Schloss und Gericht *Praittenegg* sowie den Markt *Praitprunnin* – Breitenbrunn.

An der Naab, dem längsten Fluss der Oberpfalz, und der Vils liegt der malerische Markt **Kallmünz**. Die eindrucksvollen Ruinen der Burganlage oberhalb der Stadt mit mächtigem Rundturm gehen zurück auf das 12. Jahrhundert. Eine steinerne Brücke aus dem 16. Jahrhundert überspannt die Naab und prägt das pittoreske Ortsbild des Marktfleckens.

Im Jahr 1901 wurde der Ort wegen seiner idyllischen Lage und der unberührten Flusslandschaft Anziehungspunkt für verschiedene Künstler, es entwickelte sich eine regelrechte kleine Künstlerkolonie, die im Gasthof *Rote Amsel* residierte. Wassily Kandinsky und Gabriele Münter verbrachten hier die Sommerfrische.

Lohnend ist auch ein Besuch beim *Bürstenbinder*, dem angeblich kleinsten Gasthof in der Oberpfalz. Aber Vorsicht: der Türstock ist so niedrig, dass man sich leicht den Kopf anstößt. Ein großer Ofen, daneben einige wenige Holztische und Bänke – die Zeit scheint hier irgendwann einmal stehen geblieben zu sein. Eine große Speisenauswahl gibt es allerdings nicht, nur Salat, Suppen und die legendären *Bauchstechala*, gebratene Kartoffelnudeln. Diese Oberpfälzer Variante der Schupfnudeln wird in den verschiedensten Kombinationen angeboten – mit Sauerkraut, mit Knoblauch oder auch mit Lauch und Zwiebeln.

Zu einer deftigen Brotzeit schmeckt natürlich das „Nationalgetränk“ der Oberpfälzer ganz besonders gut: das „Zoiglbier“. Seit Jahrhunderten wird dieses untergärige Bier in Kommunbrauhäusern eingebraut, dann zum Keller eines Zoiglwirts gefahren und dort vergoren und gelagert. Wenn es zum Ausschank bereit war, wurde das Haus mit einem „Zeiger“, einem an einer Stange befestigten, sechszackigen Stern, gekennzeichnet.

Im Oberpfälzer Dialekt wurde „Zeigel“ oder „Zoigl“ daraus. Wenn die Fässer leer getrunken waren, ging der „Bierzeigl“ weiter an den Kommunbrauer, der als nächstes an der Reihe war. Das Symbol des Zoigls, der Zoiglstern, ähnelt dem Davidsstern. Die beiden ineinander verschobenen gleichseitigen Dreiecke symbolisieren die am Brauen beteiligten Elemente Feuer, Wasser und Luft sowie die damals zum Bierbrauen bekannten Zutaten Wasser, Malz und Hopfen.

In dem kleinen Ort **Nittenau** finden an einigen Abenden im Juli, August und September *Geisterwanderungen* zu drei umliegenden Burgen statt. Mit Laternen ausgerüstet erwandert das Publikum die Orte des grausigen Geschehens. Zur Aufführung kommt eine geisterhafte Komödie in drei Akten mit dem *Henker von Hof*, den *Hexen von Stefling* und den *Bierpanschern von Stockenfels*. Und weil Gruseln hungrig und durstig macht, werden zur Stärkung *Geisterbier*, *Bierschnaps* und *Geisterwürst* gereicht.

Der weltgrößte Roboter – ein grauslicher Drachen – treibt sein Unwesen im Oberpfälzer Wald, genauer: in **Furth im Wald**. Der *Further Drachenstich* gilt als ältestes Volksschauspiel Deutschlands mit 500-jähriger Tradition. Das Spektakel wird jährlich im August aufgeführt. Weit mehr als tausend Mitwirkende in prächtigen historischen Kostümen und über 250 Pferde stellen in einem Festumzug die Geschichte der Stadt von der ersten urkundlichen Erwähnung anno 1086 bis zum 18. Jahrhundert dar.

Hervorgegangen ist der „Drachenstich“ aus einer Fronleichnams-Prozession. Im Jahr 1951 schrieb Josef Martin Bauer eine Neufassung der Aufführung um die Tötung des Drachens. In dieser Version wird der Drache zu einem Symbol für die Schrecken des Krieges im Grenzland zu Böhmen. Held und Drachentöter ist der furchtlose Ritter Udo, Heldin die junge Schlossherrin von Furth. Der Lanzenstich ist dramatischer Höhepunkt der Geschichte um Not und Elend, Liebe und Mut, Hass und Tod.

Neben Schauspiel und Festumzug gibt es mittlerweile noch weitere Feste, wie etwa das historische Lager und Turnier *Cave Gladium* sowie ein *Kinderfest*. Sehenswert ist das kleine *Drachenmuseum* der Stadt.

Im Luftkurort **Waldmünchen** gewähren alljährlich von Mitte Juli bis Mitte

August Freilichtfestspiele, die *Trenck-festspiele*, Einblicke in die Zeit des österreichischen Erbfolgekrieges von 1742, als der berühmt-berüchtigte Pandurenoberst Franz von der Trenck mit seinen wilden Horden durch Ostbayern zog. An die 300 Laienschauspieler wirken mit. Ein beeindruckendes Spektakel mit wilden Reiterszenen im Fackelschein.

Der romantische Burghof der ehemaligen Wittelsbacher-Residenz in **Neumarkt vorm Wald** verwandelt sich alljährlich im Sommer zum historischen Schauplatz. Lodernde Feuer, Reitergefechte, historische Musik aber auch humorvolle Einlagen ziehen die zahlreichen Zuschauer in ihren Bann. Hintergrund sind die *Hussitenkriege*, eine Reihe von Auseinandersetzungen zwischen böhmischen Hussiten, dem Kaiser und der katholischen Kirche.

Die Begeisterung für das Schauspiel scheint den Oberpfälzern im Blut zu liegen. Die dritte Schauspielstadt ist **Oberviechtach**. Mit dem *Doktor-Eisenbarth-Festspiel* wird hier ein barockes Volksstück über die schillernde Persönlichkeit des Wanderarztes und Chirurgen Johann Andreas Eisenbarth (1663–1727) zum Besten gegeben. Über hundert Akteure führen auf dem Marktplatz ein abwechslungsreiches Volksspiel mit viel Situationskomik auf.

Das Oberpfälzer Freilandmuseum Neusath-Perschen besteht aus mehreren Dörfern, die unterschiedliche Regionen der Oberpfalz widerspiegeln. Auf einem etwa zweistündigen Rundgang kann das ursprüngliche bäuerliche Leben der Region besichtigt werden.

Entstanden ist das Museum aus dem im Jahre 1605 ausgebauten Pfarrhof Edelsmannhof, einer vollständig erhaltenen und renovierten Hofanlage mit allen Nebengebäuden und dem Wohnhaus.

Nach dem Rundgang durch die „gute alte Zeit" gibt es beim Wirt eine deftige Brotzeit mit Spezialitäten wie Bauernseufzer mit Kraut, hausgemachten Presssack oder Geräuchertes.

Ein Stück weiter nördlich, in **Leuchtenberg**, finden alljährlich die *Burgfestspiele Leuchtenberg* statt. Die Burgruine in Leuchtenberg ist die größte und am besten erhaltene der Oberpfalz. Rund 30 000 Besucher erleben in jeder Saison die einmalige Atmosphäre bei Freilichtaufführungen und Saaltheater – vom Volksstück über Drama, Kinderstück, Jugendstück bis hin zum Musical.

Im Nordosten der Oberpfalz, an der Grenze zu Böhmen, erhebt sich eine der prächtigsten und bedeutendsten Barockkirchen des Süddeutschen Raumes, die Stiftsbasilika der Zisterzienserinnen-Abtei **Waldsassen**. Der Name bedeutet soviel wie *Siedler im Wald*. An diesen einst einsam in Wald und Sumpf gelegenen Ort kamen und kommen regelmäßig so namhafte internationale Dirigenten wie Leonard Bernstein, Sir Colin Davis, Lorin Maazel, Yehudi Menuhin. Weltberühmte Chöre, Orchester, Solisten und Organisten ließen die *Basilika-Konzerte* in ganz Deutschland zu einem besonderen Tipp in der Musikszene werden.

Für Besichtigungen zugänglich ist ein *Kräutergarten* nach Hildegard von Bingen mit mehr als 100 Heil-, Gewürz- und Duftpflanzen, daneben ein Garten nach Pfarrer Sebastian Kneipp und ein Garten mit Kräutern, die in der Tradition der Chinesischen Medizin den Elementen zugeordnet sind.

In einem *Klosterladen* bieten die Zisterzienserinnen vielfältige kulinarische und kunstvolle Artikel und Produkte aus ihrem Kloster an.

RESTAURANT
SPEISENZETTL

Leopold Schuster: Ursprüngliche, regionale Küche – einfach vorzüglich!

„Tief in der bayerischen Diaspora findet man ein kulinarisches Gesamtkunstwerk: das Landgasthaus Schuster. Bärbel und Leopold Schuster sind tatsächlich noch Gastgeber mit Herz und Engagement“, schrieb unlängst ein Restaurantkritiker in „Living at home“.

Tatsächlich ist das niederbayerische Städtchen Freyung, Tor zum Nationalpark Bayerischer Wald und unweit der deutsch-tschechischen Grenze, nicht unbedingt der Fleck, an dem man ein Restaurant erwarten würde, das sich seit vielen Jahren hartnäckig unter den 200 besten Restaurants in Deutschland behauptet.

Und auch der äußere Schein des Landgasthauses, am Ortsrand von Freyung gelegen, lässt noch nicht auf die große Könnerschaft von Leopold Schuster schließen, auf die sich der Gast freuen darf.

Seit seinem 16. Lebensjahr steht Leopold Schuster am Herd und hat nach der Lehre in Passau und verschiedenen Stationen in renommierten deutschen Häusern, 1989 das ehemalige Dorf-Wirtshaus übernommen und mit seiner Frau begonnen, sein Gastronomie-Konzept umzusetzen, das er „ursprünglich, natürlich, regional, ehrlich, einfach“ nennt.

Ganz im Sinne des italienischen Star-Kochs Cesare Giaccone, mit dem der 43-jährige einige Zeit zusammenarbeitete und den er respektvoll „Genie des Einfachen“ nennt.

In diesem Sinne ist es Leopold Schuster gelungen, eine „eigene Koch-Sprache zu entwickeln, die auf der traditionellen, regionalen Küche fußt, jedoch leichter und damit bekömmlicher daherkommt“.

Schuster kocht fettarm und vorwiegend mit Rapsöl. Und Schuster kocht Gerichte nach saisonaler Verfügbarkeit statt nach globalisierter Angebotsvielfalt. Wild, Enten oder Gänse kommen eben im Herbst auf den Teller, häufig zusammen mit persönlich gesammelten Wildpilzen. Im Frühjahr finden sich viele Wildkräuter auf der Speisekarte, die Familie Schuster auch selbst sucht – auf unbelasteten Feldern des Bayerischen Waldes.

Einfachheit bezieht Schuster auch auf die Ressourcen seines Schaffens: Ihm steht nicht eine Brigade von Assistenten und dienstbaren Geistern zur Verfügung, wie man bei einem Spitzenkoch erwarten würde. Nein, das Landgasthaus Schuster ist ein echter Familienbetrieb: Leopold regiert die Küche, seine Frau Bärbel organisiert den Service und wirkt als „Sommelière“, die Kinder, inzwischen 20, 19 und 15 Jahre alt, helfen überall mit, wo eben Hilfe benötigt wird.

Einfachheit und Ehrlichkeit beginnt für Leopold Schuster schon beim Einkauf. Selbst auf einem Bauernhof aufgewachsen, weiß er genau, worauf es ankommt und sucht sich entsprechende Lieferanten: „Ich kenn' die Bauern und Metzger, bei denen ich einkaufe“. Heimischen Fisch, wie den Huchen, bezieht Schuster bei einem „Hobbyzüchter, der ohne jede Chemie arbeitet“. Meeresfisch lässt er sich von einem Nordseefischer liefern, den er persönlich kennt. Nur mit vorzüglichen Produkten lassen sich eben vorzügliche Gerichte kochen!

Süße Krautsuppe mit Karpfennockerl

Glasfeen, Kristalle und Zauberberge

Auf der rund 250 Kilometer langen Glasstraße quer durch den Oberpfälzer und Bayerischen Wald erschließt sich die Welt der Glasherstellung. Die Quarzvorkommen und der Holzreichtum der Gegend lockten seit dem 14. Jahrhundert Glasbläser in die Region.

In zahlreichen Orten auf der Strecke können Glasmuseen und Glasbläsereien besucht werden, in Lohberg beispielsweise kann man eine Glashüttenführung mit einem Brauereibesuch und Bierprobe verbinden, in Regen einen gläsernen Wald bestaunen.

Für die Karpfennockerl:

150 g Karpfenfilet ohne Haut, gut gekühlt
Salz · frisch gemahlener Pfeffer
1 TL abgeriebene unbehandelte Zitronen- oder Limettenschale
frisch geriebene Muskatnuss
1 Spritzer Pernod oder trockener Wermut
200 ml Sahne

Für die Suppe:

300 g junges Weiß- oder Spitzkraut
1 EL Zwiebelwürfel
20 g Butter oder Schweineschmalz
$^1/_2$ TL brauner Zucker
1 Prise gemahlener Kümmel
800 ml Fisch- oder Gemüsebrühe
100 ml Sahne
Salz · frisch gemahlener Pfeffer
frisch geriebene Muskatnuss
einige frische Majoranblättchen

Nach Belieben:

etwas trockener Weißwein oder oder Wermut

1 Karpfenfilet in grobe Stücke schneiden und in der Küchenmaschine mit Salz, Pfeffer, der abgeriebenen Zitronenschale, Muskat und Pernod oder Wermut sehr fein hacken. Die Sahne nach und nach zugießen und alles zu einer feinen, glatten, seidigen Farce verarbeiten. Anschließend durch ein feines Sieb streichen (siehe Tipp), noch einmal abschmecken und die Farce kühl stellen.

2 Weißkraut putzen, waschen und in sehr feine Streifen schneiden. In einem Topf die Zwiebelwürfel in Butter oder Schweineschmalz hell anschwitzen, den braunen Zucker zufügen und alles unter Rühren karamellisieren lassen.

3 Weißkraut und Kümmel zugeben, kurz mit anschwitzen und mit der Brühe auffüllen. Das Ganze zum Kochen bringen und etwa 10 Minuten bei geringer Hitze köcheln lassen.

4 Inzwischen in einem Topf ausreichend Salzwasser zum Kochen bringen, mit einem Löffel etwas Karpfenfarce abstechen, mit einem zweiten Löffel zu Nockerl formen und diese im leicht siedenden Wasser etwa 5 Minuten ziehen lassen.

5 Die Suppe vom Herd nehmen. Die Sahne leicht aufschlagen, in die Suppe einrühren und alles mit Salz, Pfeffer und Muskat würzen. Nach Belieben noch mit einem Schuss Weißwein oder Wermut abschmecken.

6 Die Suppe in tiefe Teller verteilen, die Nockerl hineinsetzen und mit frischen Majoranblättchen garnieren.

Tipp: Zum Säubern das Sieb zunächst mit kaltem Wasser abspülen und erst dann mit heißem Wasser oder in der Spülmaschine reinigen. Das Fischeiweiß würde sonst die feinen Drahtmaschen verkleben, so dass man das Sieb fast nicht mehr sauber bekommt.

Bratensulz von Weißfischen auf Radieserl-Schaum

Für die Sülze:
500 g Weißfischfilets (z. B. von Brachsen, Rotaugen, Nasen oder Bartel – siehe Tipp) sowie die Gräten der Fische
Salz · frisch gemahlener Pfeffer
Mehl zum Wenden
Öl zum Ausbacken und für den Fond
100 g Röstgemüse, bestehend aus 60 g Zwiebelwürfeln und 40 g fein gewürfeltem Gemüse (Möhre, Knollensellerie, Lauch und Petersilienwurzel)
100 ml trockener Weißwein
2 EL Balsamessig
$^3/_8$ l Fischfond
1 Eiweiß
3 zerdrückte Wacholderbeeren
8 zerstoßene Pfefferkörner
15 zerstoßene Senfkörner
1 Gewürznelke
2 Lorbeerblätter
1 Dillzweig
80 g Gemüse für die Garnitur (Möhre, Knollensellerie, Lauch und Petersilienwurzel)
4 Blatt weiße Gelatine, kalt eingeweicht

Für den Radieserl-Schaum:
7–8 Radieschen
2 EL Sauerrahm
Salz · frisch gemahlener Pfeffer
einige Spritzer Zitronensaft

Außerdem:
8 Portionsförmchen
Dill und andere frische Kräuter, etwas Friséesalat und Radieschenstifte zum Garnieren

1 Die Fischfilets mit der Haut nach unten auf die Arbeitsfläche legen und das Fleisch alle 2 mm mit einem scharfen Messer bis auf die Haut einschneiden. Dabei werden die quer liegenden Gräten durchtrennt, so dass sie beim Essen nicht mehr stören. Anschließend die Filets in 3 cm große Stücke schneiden, salzen, pfeffern, in Mehl wenden und in heißem Öl schwimmend goldbraun ausbacken. Die Filetstücke herausnehmen und auf Küchenpapier gut abtropfen lassen.

2 Die Fischgräten klein hacken. In einem Topf 1 EL Öl erhitzen, das Röstgemüse mit den Gräten darin anbraten, mit Wein und Balsamessig ablöschen und alles abkühlen lassen.

3 Den Fischfond mit dem Eiweiß gut verquirlen und in den Topf zu den Gräten geben. Die Gewürze zufügen, leicht salzen, Lorbeer und Dill einlegen und alles langsam unter stetigem Rühren (Achtung: gut am Topfboden rühren!) zum Kochen bringen. Die Temperatur reduzieren und den Fond etwa 20 Minuten ziehen lassen, nach dieser Zeit sollte er klar sein.

4 Inzwischen das Gemüse für die Garnitur schälen oder putzen und in 2 mm dicke Scheiben oder Rauten schneiden oder Muster ausstechen. Das Gemüse in kochendem Salzwasser blanchieren, in Eiswasser abschrecken und in einem Sieb gut abtropfen lassen.

5 Die Gelatine gut ausdrücken und im Fischfond auflösen. Abschmecken, den Fond durch ein mit einem Tuch ausgelegtes Sieb passieren und abkühlen lassen. Kurz bevor die Flüssigkeit zu gelieren beginnt, einen 2 bis 3 mm hohen Spiegel in die Förmchen gießen. Diesen fest werden lassen und mit dem blanchierten Gemüse belegen. Etwas Sülze darauf gießen, erkalten lassen. Dann die gebratenen Fischstücke darauf legen, die Förmchen mit der restlichen Sülze auffüllen und für mindestens 3 bis 4 Stunden in den Kühlschrank stellen.

6 Kurz vor dem Servieren den Radieserl-Schaum zubereiten: Die Radieschen waschen, klein schneiden und zusammen mit den restlichen Zutaten schaumig aufmixen. Anschließend den Radieserl-Schaum abschmecken.

7 Zum Anrichten die Förmchen kurz in heißes Wasser tauchen und die Sülze auf Teller stürzen. Mit etwas Radieserl-Schaum umgießen und alles mit Kräutern, Friséesalat und Radieschenstiften garnieren.

Tipp: Nasen und Bartel (Flussbarben) können natürlich auch durch andere Süßwasserfische ersetzt werden, etwa durch Forelle, Zander oder Hecht.

Zur Sülze passt gut ein kleiner Wildkräutersalat oder frische Kartoffelchips.

Mit Bratkartoffeln wird ein leichtes Abendessen daraus.

Kleinkunstbühne mit kulinarischem Anspruch

Aus den ehemaligen Kulturrevoluzzern im Scharfrichterhaus in Passau wurden bundesweit bekannte Kabarett-, Jazz- und Theaterveranstalter. Höhepunkt der jährlich veranstalteten Kabarettwochen ist die Verleihung eines Nachwuchspreises in Form eines Beils.

Im etwas morbiden Ambiente alter Gefängnismauern gehen Kultur und Kulinarisches eine wunderbare Liaison ein: Wo einst die Henkersmahlzeiten eingenommen wurden, kann man heute im Café-Restaurant leichte Küche mit österreichischen und böhmischen Akzenten genießen. Im Sommer speist man im malerischen Arkaden-Innenhof. Gekocht wird mit regionalen Produkten und auch die Weinkarte ist beachtlich!

Eingemachtes von der Bauernente mit Holunder-Ingwer-Gelee

Für das Eingemachte:
100 g Entenklein (Herz, Magen, Flügel und Hals)
1 kleines Bund Suppengemüse
$^1/_8$ l Weißwein
3 Lorbeerblätter · 5 Wacholderbeeren
1 Gewürznelke
100 g Entenleber
je 1 cl Bärwurz- und Wacholderschnaps
Salz · frisch gemahlener Pfeffer
frisch geriebene Muskatnuss
80 g flüssige Butter · 4 EL Sahne

Für das Holunder-Ingwer-Gelee:
50 ml Entenfond, geklärt (siehe Tipp)
50 ml Holundersaft
1 TL frische Ingwerwürfel
fein gewürfelt
1 TL Holunder- oder Himbeeressig
2 EL Zucker
3 Blatt Gelatine, kalt eingeweicht

Ausserdem:
1 kleine Terrinenform

1 Das Entenklein kalt abspülen. Das Suppengemüse waschen, putzen und klein schneiden. In einem Topf $^3/_4$ l Wasser mit dem Wein, Entenklein, Suppengemüse und den Gewürzen zum Kochen bringen, den aufsteigenden Schaum dabei immer wieder abschöpfen und alles etwa 1 $^1/_2$ Stunden köcheln lassen.

2 Anschließend das Entenklein von Knochen, Haut und Knorpeln befreien und in kleine Würfel schneiden. Den Fond beiseite stellen.

3 Die Entenleber mit dem Bärwurz- und Wacholderschnaps, Salz, Pfeffer und Muskat im Mixer fein pürieren. Die flüssige Butter und die Sahne langsam mit untermixen. Die Farce durch ein feines Sieb streichen. Das vorbereitete Entenklein zufügen und alles gut vermengen. Die Form mit Klarsichtfolie auslegen und die Masse einfüllen. Anschließend die Terrine bei 120 °C im vorgeheizten Ofen ohne Deckel etwa 50 Minuten im Wasserbad pochieren. Aus dem Ofen nehmen, die Terrine abkühlen lassen und bis zur Verwendung in den Kühlschrank stellen.

4 Für das Gelee den Entenfond mit Holundersaft und Ingwer aufkochen, mit Essig und Zucker würzen und vom Herd nehmen.

5 Die Gelatine gut ausdrücken und in der warmen Flüssigkeit auflösen. Das flüssige Gelee in eine flache Form gießen und im Kühlschrank erstarren lassen.

6 Zum Servieren die gut gekühlte Ententerrine in Scheiben schneiden und auf Tellern anrichten. Das Holunder-Ingwer-Gelee klein würfeln und um die Terrine verteilen.

Tipp: Die Kochflüssigkeit vom Entenklein vor der Weiterverwendung klären: Dazu 1 leicht geschlagenes Eiweiß in die Brühe einrühren und wieder aufkochen. Anschließend durch ein mit einem Tuch ausgelegtes Sieb passieren. Das Eiweiß bindet die Trübstoffe, der Fond ist jetzt ganz klar.

Rübenkrautstrudel auf Blut- und Leberwurst-Creme

FÜR DEN RÜBENKRAUTSTRUDEL:
200 g vorwiegend festkochende Kartoffeln
50 g hell geräuchertes Wammerl (durchwachsener Speck), fein gewürfelt
2 EL Zwiebelwürfel
1 Apfel (150 g), geschält und $^1/_2$ cm groß gewürfelt
250 g Rübenkraut (siehe Tipp)
Salz · frisch gemahlener Pfeffer
frisch geriebene Muskatnuss
100 g Strudelteig (Kühlregal oder selbst gemacht, siehe Tipp)
2 EL Sauerrahm
2 EL Semmelbrösel

FÜR DIE CREME:
1 Blutwurst, etwa 100 g
1 Leberwurst, etwa 100 g
$^1/_4$ l Fleisch- oder Gemüsebrühe
100 ml Sahne
Salz · frisch gemahlener Pfeffer
frisch geriebene Muskatnuss
einige Korianderblättchen zum Garnieren

AUSSERDEM:
Butter für das Backblech
1 Eigelb und 1–2 EL Sahne zum Bestreichen

1 Die Kartoffeln schälen und in $^1/_2$ cm große Würfel schneiden. In einem Topf den Speck anschwitzen, Zwiebel- und Kartoffelwürfel zugeben und kurz mit anschwitzen, bis die Kartoffeln fast gar sind, das dauert je nach Sorte 5 bis 10 Minuten. Die Apfelwürfel zufügen, ganz kurz mit anschwitzen, dann den Topf vom Herd nehmen. Das gut ausgedrückte Rübenkraut zufügen, mit Salz, Pfeffer und Muskat würzen und alles gut vermengen.

2 Den Strudelteig auf einem Tuch hauchdünn ausziehen. Den Teig anschließend mit Sauerrahm bestreichen, mit Semmelbröseln bestreuen und die Rübenkrautmischung darauf verteilen.

3 Den Teig mit Hilfe des Tuches aufrollen, so dass eine Rolle von etwa 5 bis 6 cm Durchmesser entsteht. Den Strudel auf ein gebuttertes Backblech setzen. Das Eigelb mit Sahne (oder Wasser) verquirlen, die Oberfläche damit bestreichen und den Rübenkrautstrudel bei 170 °C etwa 20 Minuten im vorgeheizten Ofen backen.

4 Kurz vor dem Servieren die Würste häuten. Blut- und Leberwurst jeweils in einem kleinen Topf mit der Hälfte der Brühe und der Sahne kurz aufkochen, mit Salz, Pfeffer und Muskat würzen und mit einem Mixstab cremig aufschlagen.

5 Zum Anrichten den Strudel in 8 Stücke schneiden. Auf jeden Teller einen Spiegel aus Blut- und Leberwurstcreme gießen, jeweils zwei Stücke Rübenkrautstrudel darauf setzen und alles mit Korianderblättchen garnieren.

Tipp: Rübenkraut ist ein beliebtes Wintergemüse im Bayerischen Wald. Es handelt sich um in Milch vergorene, geraspelte weiße Rüben. Alternativ kann man Sauerkraut verwenden. Für dieses Rezept eignen sich aber auch geraspelter Kürbis oder junges Spitzkraut.

Wenn Sie den Strudelteig selbst herstellen möchten, hier das Grundrezept: 250 g Mehl, 2 TL Essig, 1 EL Öl, 1 Ei, Salz und etwas lauwarmes Wasser. Das Mehl auf eine Arbeitsfläche sieben, eine Mulde hineindrücken und die restlichen Zutaten hineingeben. Alles zu einem Teig verkneten. Etwa 10 Minuten weiter kneten, bis der Teig ganz glatt ist und sich vom Brett ablöst. Den Teig in drei Teile schneiden, die einzelnen Stücke noch einmal so lange gut durchkneten, bis sie eine ganz glatte Oberfläche haben. Anschließend auf ein bemehltes Brett legen und mit einer Schüssel abgedeckt 30 Minuten vor der Weiterverarbeitung ruhen lassen. Eine Portion für den Strudel verwenden, die anderen Teigstücke einfrieren oder anderweitig verwenden.

Huchenfilet aus dem Weißbier-Limetten-Dampf auf Brennnessel-Graupen

600 g Huchenfilet und
300 g Huchenkarkassen (Kopf, Gräten und Flossen), ersatzweise Filet und Karkassen von der Lachsforelle oder vom Saibling (siehe Tipp)
200 g Röstgemüse, bestehend aus $^2/_3$ Zwiebelwürfeln und $^1/_3$ Knollensellerie und Lauch (nur der weiße Teil), beides geputzt und fein gewürfelt
1 EL Öl
1 Lorbeerblatt · 1 Gewürznelke
1 Wacholderbeere
frisch gemahlener Pfeffer
1 Msp. gemahlener Anis
1 Dillstängel
50 ml Wermut
100 ml Weißwein
$^1/_4$ l Weißbier
etwas abgeriebene Schale und Saft von 1 Limette
50 ml Sahne

Für die Brennnessel-Graupen:
150 g Graupen, über Nacht kalt eingeweicht
4 EL Fischfond
1 EL Möhrenwürfel
Salz · frisch gemahlener Pfeffer
frisch geriebene Muskatnuss
100 g Brennnesselblätter
50 g flüssige Butter

Ausserdem:
etwas Butter für den Dämpfeinsatz

1 Das Filet abspülen, trockentupfen, von eventuell vorhandenen kleinen Gräten befreien und beiseite legen. Die Fischkarkassen mit dem Röstgemüse in Öl anbraten, dann Gewürze und Dill zufügen und mit Wermut und Weißwein ablöschen. Mit kaltem Wasser bedecken, alles langsam zum Kochen bringen und etwa 20 Minuten bei niedriger Temperatur im offenen Topf köcheln lassen. Vom Herd nehmen und den Fond anschließend durch ein Tuch passieren.

2 Die Graupen abgießen. In einem kleinen Topf den Fischfond mit den Möhrenwürfeln kurz aufkochen, mit Salz, Pfeffer und Muskat würzen. Die Graupen zugeben und bei niedriger Temperatur etwa 20 Minuten ausquellen lassen.

3 Inzwischen die Brennnesselblätter waschen (mit Gummihandschuhen!) und in kochendem Salzwasser nur ganz kurz blanchieren. Abgießen, abtropfen lassen, die Brennnesseln im Mixer mit der Butter pürieren und anschließend durch ein Sieb streichen.

4 Den passierten Fischfond zusammen mit dem Weißbier in einem (Fisch-)Topf mit Dämpfeinsatz zum Kochen bringen. Den Einsatz mit etwas Butter fetten und in den Topf setzen. Das Huchenfilet darauf legen, salzen, pfeffern und mit der Limettenschale bestreuen. Den Topf mit einem Deckel oder passenden Stück Alufolie fest verschließen und das Filet etwa 8 Minuten dämpfen.

5 Den Fisch herausheben und warm stellen. Den Fond mit dem Limettensaft im offenen Topf aufkochen und auf die Hälfte reduzieren. Die Sahne zufügen und die Sauce auf die gewünschte Konsistenz einkochen lassen, mit Salz und Pfeffer abschmecken.

6 Das Brennnesselpüree unter die Graupen mischen, alles gut durchrühren und abschmecken. Die Graupen in der Mitte der Teller anrichten, das Huchenfilet in vier größere oder acht kleinere Stücke teilen, je eines oder zwei auf die Brennnessel-Graupen legen und mit der Sauce umgießen.

Tipp: Sollten Sie einen Saibling verwenden, kaufen Sie einen ganzen Fisch von 1 bis 1,2 kg, weil knapp 50 % Karkassen (Kopf, Schwanz, Gräten) anfallen. Diese können Sie dann für den Fond verwerten.

Huchen war bereits vom Aussterben bedroht. Inzwischen hat sich dieser Fisch in einigen Flüssen Niederbayerns und im Allgäu wieder angesiedelt. Allerdings werden Huchen nicht geangelt und gelangen daher nicht in den Verkauf. Stattdessen kann man auf gezüchteten Huchen zurückgreifen.

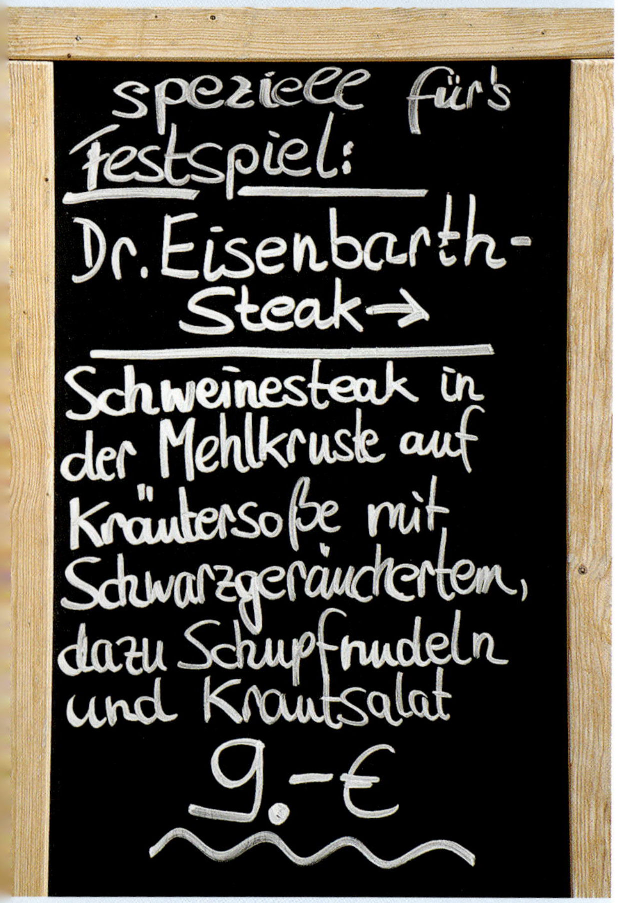

Kronfleisch mit Senfsaat geschmort auf allerlei Rüben

800 g gut pariertes Kronfleisch (das dicke Ende des Zwerchfells vom Rind, beim Metzger vorbestellen)
Salz · frisch gemahlener Pfeffer
1–2 EL Öl zum Anbraten
1 $\frac{1}{2}$ TL Rübensirup
1 TL Tomatenmark
3–4 zerdrückte Wacholderbeeren
4 Pfefferkörner
2 Lorbeerblätter
2 Gewürznelken · 1 TL Senfkörner
300 g Röstgemüse, bestehend aus $\frac{2}{3}$ Zwiebelwürfel und $\frac{1}{3}$ Gemüse (Möhre, Knollensellerie, Lauch und Petersilienwurzel, alles geputzt und gewürfelt)
$\frac{1}{4}$ l Rotwein · 1 EL Balsamessig

Für die Löffelknödel:
250 g doppelgriffiges Mehl
3 Eier · 1 EL Rapsöl
Salz · frisch geriebene Muskatnuss

Für die Rüben (siehe Tipp):
8 kleine junge Möhren mit Grün
8 kleine junge gelbe Rüben
8 kleine junge weiße Rüben
1 TL Zwiebelwürfel
20 g Butter
etwa 100 ml Gemüsebrühe
Salz · frisch geriebene Muskatnuss

1 Das Kronfleisch kalt abspülen, trockentupfen, mit Salz und Pfeffer würzen und in einem Topf (mit hitzebeständigen Griffen) in Öl von allen Seiten gut anbraten. Rübensirup und Tomatenmark zufügen und leicht karamellisieren lassen. Die Gewürze und das Röstgemüse kurz mit anbraten und mit Rotwein und Balsamessig ablöschen. So viel kaltes Wasser angießen, bis alles gut bedeckt ist.

2 Das Kronfleisch zugedeckt bei 220 °C im vorgeheizten Ofen etwa 2 Stunden schmoren.

3 Inzwischen für die Löffelknödel aus den genannten Zutaten einen Teig herstellen – ähnlich wie Spätzleteig, nur etwas fester.

4 Wenn es weich ist, das Fleisch aus dem Topf nehmen und warm stellen. Die Sauce durch ein Sieb in einen Topf passieren, auf etwa $\frac{1}{4}$ l einkochen lassen und abschmecken.

5 Inzwischen ausreichend Salzwasser zum Kochen bringen, vom Knödelteig mit einem Löffel Nocken abstechen und im siedenden Wasser in 10 bis 15 Minuten gar ziehen lassen.

6 Für das Rübengemüse die Möhren und Rüben schälen, dabei etwa 1 cm Grün stehen lassen. In einem Topf die Zwiebelwürfel in der Butter glasig anschwitzen. Möhren und Rüben zufügen – größere Rüben vierteln – und die Gemüsebrühe angießen. Alles 8 bis 10 Minuten dünsten und die Rüben mit Salz und Muskat würzen.

7 Die Löffelknödel mit der Schaumkelle aus dem Wasser nehmen und kurz abtropfen lassen.

8 Zum Servieren das Kronfleisch aufschneiden, auf Teller legen und mit den Rüben und den Löffelknödeln umlegen.

Tipp: Je nach Saison können Sie für das Rübengemüse neben verschiedenen Möhrensorten auch Urkarotten, Steckrüben, Teltower Rübchen oder Rote Bete verwenden. Und vom Biorind schmeckt das Kronfleisch ganz besonders gut.

Wildschweinragout mit Kartoffel-Dampfnudeln

Für die Dampfnudeln:
200 g Weizenmehl
1/4 Hefewürfel
100 ml lauwarme Milch
etwas Zucker
1 mittelgroße mehlig kochende Kartoffel, am Vortag gekocht und gepellt
1 Ei · 20 g weiche Butter
Salz · abgeriebene Schale von 1/4 unbehandelten Zitrone
frisch geriebene Muskatnuss

Für das Ragout:
800 g Wildschweinschulter, entbeint
1–2 EL Öl zum Anbraten
50 g durchwachsener Speck, fein gewürfelt
2 Schalotten, geschält und gewürfelt
1 EL Johannisbeergelee oder Preiselbeeren
1 TL Tomatenmark
200 ml Rotwein
10 Wacholderbeeren
3 Gewürznelken · 1 Lorbeerblatt
Salz · frisch gemahlener Pfeffer
300 g Dorschen (siehe Tipp), geschält und klein gewürfelt
2 cl Blutwurz- oder Bärwurzschnaps

Außerdem:
Butter zum Einfetten
frische Kräuter zum Garnieren, etwa Majoran, Koriandergrün, Thymian oder Rosmarin

1 Den Teig für die Dampfnudeln vorbereiten: Dafür das Mehl in eine Schüssel sieben, eine Mulde eindrücken, die Hefe mit ein wenig Milch glatt rühren, 1 Prise Zucker sowie die Hälfte der verbliebenen Milch zufügen. Etwas Mehl vom Rand darüber stäuben und den Teig an einem warmen Ort etwa 15 Minuten gehen lassen.

2 Inzwischen das Fleisch von den groben Sehnen befreien und in 3 bis 4 cm große Würfel schneiden. In einem Topf das Öl erhitzen und das Fleisch darin ringsum kräftig anbraten. Den Speck sowie die Schalottenwürfel kurz mitbraten. Johannisbeergelee und Tomatenmark zufügen und kurz mit anrösten. Alles mit etwas Rotwein ablöschen. Wacholderbeeren, Nelken und Lorbeer zugeben und die Flüssigkeit einkochen lassen. Erneut mit etwas Rotwein ablöschen und diesen Vorgang so lange wiederholen, bis die Sauce die gewünschte Farbe erhält.

3 In der Zwischenzeit die Kartoffel für die Dampfnudeln zerdrücken oder reiben. Das Ei, die Butter, die Kartoffelmasse, 1 Prise Zucker, Salz, Zitronenschale und Muskat unter den Vorteig mischen und alles gut vermengen. Den Teig an einem warmen Ort zugedeckt etwa 1/2 Stunde gehen lassen.

4 Das Wildschweinragout mit Salz und Pfeffer würzen, mit dem restlichen Rotwein und Wasser auffüllen, bis alles gut bedeckt ist. Einen Deckel auflegen, die Temperatur reduzieren und das Fleisch in etwa 1 Stunde weich schmoren.

5 Den Dampfnudelteig auf einer bemehlten Arbeitsplatte kräftig durchkneten und zu kleinen Kugeln formen. Einen Topf mit Butter einfetten, die Teigkugeln hineinsetzen, die restliche Milch angießen und den Topf mit einem Deckel gut verschließen. Die Dampfnudeln erneut 20 Minuten gehen lassen, anschließend bei niedriger Temperatur etwa 25 Minuten garen.

6 Etwa 10 Minuten vor Ende der Garzeit des Ragouts die Dorschenwürfel zufügen und mitschmoren, am Schluss soll die Sauce leicht sämig sein. Alles mit Salz, Pfeffer und dem Blut- oder Bärwurzschnaps abschmecken.

7 Das Ragout auf vorgewärmten Tellern anrichten, jeweils eine Dampfnudel daneben setzen. Mit frischen Kräutern garniert servieren.

Tipp: In anderen Landstrichen werden Dorschen auch Kohl- oder Steckrüben genannt.

Gekochter Lammhals in Quendelsauce auf Kartoffel-Panaché

Goldkonfekt

Alt-Passauer „Goldhauben" sind dem gleichnamigen Kopfschmuck Passauer Bürgerfrauen nachempfundene, feine Marillen- und Nusstrüffel, gekrönt von einem Schweif aus karamellisierten Mandelsplittern in heller und dunkler Schokolade, mit 23-karätiger Blattgoldauflage.

Die in aufwändiger Handarbeit mit kunstvollen Ornamenten, Goldband und -spitze verzierten echten Goldhauben stammen ursprünglich aus Österreich und verbreiteten sich entlang der Donau flussabwärts bis Wien, Donau aufwärts bis nach Passau.

Auch heute noch werden sie von den Passauer „Goldhauben-Frauen" in mehr als 350 Arbeitsstunden gefertigt, jedes Stück ein wertvolles Unikat.

1,2 kg ausgelöster Lammhals oder -schulter, zum Rollbraten gebunden (beim Metzger vorbestellen, siehe Tipp)
400 g Suppengemüse (Möhre, Lauch, Sellerie und Petersilienwurzel, alles geputzt und gewürfelt)
8 Wacholderbeeren
10 Pfefferkörner · 15 Senfkörner
2 Lorbeerblätter
Salz · frisch gemahlener Pfeffer
frisch geriebene Muskatnuss

Für die Kartoffelpanaché:
300 g festkochende Kartoffeln
20 g Butter
150 g Gemüse (Möhre, Sellerie und Lauch, alles geputzt und klein gewürfelt)
1 Schalotte, geschält und fein gewürfelt
50 g hell geräuchertes Wammerl (durchwachsener Speck), gewürfelt
Salz · frisch gemahlener Pfeffer
frisch geriebene Muskatnuss

Für die Sauce:
1 kleines Sträußchen Quendel (Feldthymian)
50 ml Sahne
Salz · frisch gemahlener Pfeffer
frisch geriebene Muskatnuss

1 In einem Topf 2 l Wasser zum Kochen bringen, das Lammfleisch einlegen und etwa 45 Minuten bei mittlerer Temperatur köcheln lassen. Anschließend das zerkleinerte Suppengemüse sowie die Gewürze zugeben und alles weitere 30 bis 40 Minuten ziehen lassen, bis das Fleisch gar ist.

2 Die Kartoffeln schälen und in Würfel von $1/2$ bis 1 cm Kantenlänge schneiden. Die Butter in einer großen Pfanne (mit hitzebeständigem Griff) erhitzen und die Kartoffeln darin 6 bis 8 Minuten anbraten, dann bei 200 °C im vorgeheizten Ofen in etwa 5 Minuten fast fertig garen. Das gewürfelte Gemüse, die Schalotten- und Speckwürfel zufügen und alles in weiteren 3 bis 4 Minuten fertig braten. Die Kartoffel-Gemüse-Mischung mit Salz, Pfeffer und Muskat würzen.

3 Für die Sauce den Quendel waschen, trockenschütteln und die Blättchen von den Stängeln zupfen. $1/8$ l Lammsud abmessen, mit der Sahne aufkochen, die Flüssigkeit etwas reduzieren und im Mixer zusammen mit dem Quendel pürieren. Die Sauce durch ein Sieb in den Topf passieren, noch einmal kurz aufkochen lassen und mit Salz, Pfeffer und Muskat abschmecken.

4 Zum Servieren das Fleisch aus dem Sud nehmen, das Küchengarn entfernen und den Lammhals aufschneiden. Das Kartoffel-Panaché auf Tellern mittig anrichten, die Fleischscheiben darauf legen und mit der Sauce überziehen.

Tipp: Sollte Sie keinen ausgelösten Lammhals bekommen, kochen Sie das Fleisch mit Knochen. Die Garzeit verlängert sich dann um gut $1/2$ Stunde. Sobald sich das Fleisch von den Knochen ablösen lässt, ist es gar.

Rehschulter mit Spitzwegerich-Sirup glasiert auf geriebenen Nudeln

Kaffeehaus-Tradition

Französische Kaufleute brachten einst Kaffeebohnen nach Regensburg. In einem Bürgerhaus – gegenüber dem Alten Rathaus, in dem damals der Immerwährende Reichstag tagte – wurde anno 1686 eines der ältesten Kaffeehäuser Deutschlands eröffnet und alsbald erfreute sich das neue Getränk großer Beliebtheit in der Stadt.

In den historischen Räumen gibt es heute ein Café namens „Prinzess". Der Name verweist auf den Bezug zum Hause Thurn und Taxis, denn das Kaffeehaus zählte mit seinen köstlichen Süßigkeiten und Pralinés zu den Hoflieferanten des Fürstenhauses.

1 kg Rehschulter
Salz · frisch gemahlener Pfeffer
1–2 EL Öl zum Anbraten
400 g Röstgemüse, bestehend aus $^2/_3$ Zwiebelwürfel und $^1/_3$ Gemüse (Möhre, Knollensellerie, Lauch und Petersilienwurzel, alles geputzt und fein gewürfelt)
1 EL Tomatenmark
1 EL Apfelgelee
$^1/_2$ l Rotwein
1 Lorbeerblatt · 3 Gewürznelken
12 Wacholderbeeren
10 Pfefferkörner
2 EL Spitzwegerich-Sirup (aus dem Reformhaus)

Für die geriebenen Nudeln:
200 g doppelgriffiges Mehl
2 Eier · Salz
1 TL Butter
frisch geriebene Muskatnuss

1 Die Rehschulter kalt abspülen und trockentupfen. Das Fleisch mit Salz und Pfeffer einreiben. In einem Bräter das Öl erhitzen und das Fleisch darin ringsum anbraten. Vom Herd nehmen und die Schulter zugedeckt bei 250 °C im vorgeheizten Ofen 15 Minuten braten, dann die Hitze auf 180 °C reduzieren und das Fleisch weitere 15 Minuten braten.

2 Röstgemüse und Tomatenmark zufügen und kurz mitrösten. Das Apfelgelee zugeben, alles mit dem Rotwein ablöschen und bei Bedarf noch etwas Wasser nachgießen, so dass die Schulter knapp bedeckt ist. Lorbeer, Nelken, Wacholderbeeren und Pfefferkörner zugeben und alles zusammen etwa 1 Stunde zugedeckt schmoren lassen.

3 In der Zwischenzeit den Nudelteig zubereiten: Aus Mehl, Eiern und etwas Salz einen festen Teig herstellen und abgedeckt etwa 20 Minuten ruhen lassen. Anschließend den Teig auf einer groben Reibe reiben. Dabei entstehen ganz kurze Nudeln.

4 Die Rehschulter aus dem Bräter nehmen. Das Fleisch von den Knochen lösen, mit dem Spitzwegerich-Sirup überziehen und bei 200 °C 6 bis 8 Minuten glasieren.

5 Inzwischen reichlich Salzwasser zum Kochen bringen und die geriebenen Nudeln darin in etwa 4 Minuten bissfest kochen, abgießen und kurz abspülen. In einer Pfanne die Butter zerlassen, die Nudeln darin schwenken und mit Salz und Muskat würzen.

6 Die Sauce auf dem Herd nochmals aufkochen, abschmecken und durch ein Sieb passieren.

7 Das Fleisch aufschneiden. Die geriebenen Nudeln auf Teller verteilen, die Rehschulter darauf anrichten und mit der Sauce umgießen.

Tipp: Als Beilagen passen Frühlingsgemüse und Morcheln gut.

Die geriebenen Nudeln können auch schon am Vortag gekocht werden, dann zum Servieren nur noch in zerlassener Butter anschwitzen.

Geriebene Nudeln schmecken auch gut mit Apfelmus oder als Einlage in einer Sauermilch-Suppe.

Allerseelenzöpfe

Einst verschenkte man Allerseelenzöpfe an so genannte „Seelenleute", also Bedürftige. Jedes „Vergelt's Gott" für diese Spende erlöste nach altem Glauben eine Seele aus dem Fegefeuer.

Das traditionelle Gebäck, aus feinem süßen Hefeteig gebacken, wird heutzutage mit Butter und Marmelade bestrichen gern zum Frühstück oder Nachmittagskaffee verzehrt.

Powidltascherl auf Dunkelbierschaum

200 g mehlig kochende Kartoffeln, am Vortag gegart
1 Ei · 80 g Mehl
Salz · frisch geriebene Muskatnuss
100 g Powidl (Mus von getrockneten Pflaumen – siehe Tipp)
20 g Butter
1 TL Semmelbrösel

Für den Dunkelbier-Schaum:
2 Eigelbe
2 EL Zucker
100 ml lauwarmes Dunkelbier
abgeriebene Schale von $^1/_4$ unbehandelten Zitrone

Außerdem:
1 Eiweiß zum Bestreichen
Salz · 1 EL Zimtzucker zum Bestreuen
frische Minzeblättchen

1 Die gekochten Kartoffeln pellen, fein reiben und mit dem Ei, dem Mehl, Salz und Muskat zu einem festen Teig verkneten, der sich gut ausrollen lässt.

2 Den Teig auf einer bemehlten Arbeitsfläche 3 bis 4 mm dick ausrollen und Kreise von 6 cm Durchmesser ausstechen. Diese mit Eiweiß bestreichen, auf eine Hälfte jeweils etwas Powidl geben und zu Halbkreisen zusammenklappen. Die Ränder gut andrücken, damit keine Füllung austreten kann.

3 In einem Topf reichlich Salzwasser zum Kochen bringen. Die Powidltascherl einlegen und etwa 10 Minuten im siedenden Salzwasser ziehen lassen, dann mit einer Schaumkelle herausnehmen und in einem Sieb gut abtropfen lassen.

4 In einer Pfanne die Butter aufschäumen lassen, die Semmelbrösel zufügen, kurz rösten und die Powidltascherl darin schwenken.

5 Inzwischen für den Bierschaum die Eigelbe mit dem Zucker in einer Edelstahlschüssel schaumig rühren. Das lauwarme Bier und die Zitronenschale untermischen. Die Schüssel auf ein heißes Wasserbad setzen und alles mit einem Schneebesen schaumig aufschlagen. Dabei darauf achten, dass der Schneebesen stets den Schüsselboden berührt, damit sich keine großen Eierflocken bilden können. Je feiner der Schaum, umso besser!

6 Den Dunkelbierschaum auf Teller verteilen, die Powidltascherl darauf setzen, mit Zimtzucker bestreuen und mit Minzeblättchen garnieren.

Tipp: Powidl selbst gemacht:
Für 100 g Powidl werden 60 g getrocknete Pflaumen (ohne Stein), $^1/_8$ l Rotwein sowie 1 EL Zucker benötigt.

Die Pflaumen mit Rotwein und dem Zucker langsam etwa 15 Minuten zugedeckt kochen. Anschließend mit dem Stabmixer pürieren.

Das Pflaumenmus kann auch mit etwas Zimt, Ingwer oder einem Gläschen Zwetschgenwasser verfeinert werden.

Zu den Powidltascherl passt auch gut Vanille- oder Rum-Eis.

Powidltascherl schmecken außerdem als Beilage zu Wildgerichten – dann jedoch ohne Zimtzucker.

Geeiste Böhmische Schnitten mit Erdbeer-Rhabarber-Kompott

Für die Biskuit-Masse:
1 Ei
1 EL Zucker
1 kleine Msp. Vanillezucker
2 EL Mehl
1 kleine Msp. Backpulver
Salz

Für dreierlei Belag:
1 Eigelb · 80 g Zucker
80 ml kochend heiße Milch
1 EL Quark
abgeriebene Schale
von $1/4$ unbehandelten Zitrone
1 EL gemahlener Mohn · 1 cl Rum
100 ml Sahne
2 EL Apfelmus · 1 cl Apfelbrand
1 EL Puderzucker

Für das Kompott:
$1/8$ l Weißwein
50 g Zucker
$1/2$ Vanilleschote
100 g Rhabarber, gewaschen,
geputzt und gewürfelt
100 g Erdbeeren, geputzt
2 cl Orangenlikör, etwa Grand Marnier
frische Minzeblättchen

1 Für den Biskuit das Ei mit Zucker und Vanillezucker schaumig schlagen bis die Masse weiß wird. Anschließend das Mehl mit dem Backpulver und einigen Körnern Salz luftig unterheben.

2 Ein Backblech mit Backpapier auslegen. Einen Teigrahmen von 24 x 8 cm darauf setzen, die Masse einfüllen und bei 175 °C im vorgeheizten Ofen 12 bis 14 Minuten nach Sicht backen. Anschließend den Biskuit aus dem Ofen nehmen und vollständig auskühlen lassen.

3 Für den Quark- und den Mohn-Belag Eigelb und Zucker in einer Edelstahlschüssel schaumig rühren. Die kochend heiße Milch einrühren. Die Schüssel auf ein heißes Wasserbad setzen und die Creme „zur Rose abziehen“ (siehe Tipp). Anschließend die Schüssel vom Wasserbad nehmen und die Creme mit dem Rührbesen kalt schlagen.

4 Die Creme halbieren. Unter die eine Hälfte den Quark sowie die abgeriebene Zitronenschale rühren, unter die andere Hälfte den Mohn und den Rum heben. Die Sahne steif schlagen und je zur Hälfte unter die beiden Cremes ziehen. Das Apfelmus mit dem Apfelbrand und dem Puderzucker verrühren.

5 Die Cremes jeweils in einen Spritzbeutel mit Lochtülle Nr. 12 füllen und abwechselnd diagonale Streifen aus Quark-, Mohn- und Apfelcreme auf den Boden spritzen. Anschließend den Kuchen für mindestens 2 Stunden in den Gefrierschrank stellen.

6 Für das Kompott in einem Topf den Weißwein mit $1/8$ l Wasser, Zucker und der Vanilleschote aufkochen. Die Rhabarberwürfel zugeben und alles noch einmal kurz aufkochen. (Vorsicht, dass der Rhabarber nicht verkocht!) Anschließend das Kompott vom Herd nehmen und abkühlen lassen. Die Erdbeeren zugeben und alles mit Orangenlikör verfeinern.

7 Etwa 30 Minuten vor dem Servieren den Kuchen aus dem Gefrierschrank nehmen und bei Zimmertemperatur antauen lassen, so dass er nur noch halb gefroren ist. Anschließend in schmale Rechtecke schneiden, mit dem Erdbeer-Rhabarber-Kompott anrichten und mit etwas frischer Minze garnieren.

Tipp: Der Begriff „zur Rose abziehen“ bedeutet, dass die Creme so lange über dem Wasserbad gerührt wird, bis sie relativ fest wird. Zum Test für die richtige Konsistenz wird ein kalt abgespülter Holzlöffel eingetaucht. Wenn man ihn herauszieht und über die anhaftende Creme bläst, soll eine „Rose“ entstehen.

Zum Backen können Sie auch eine entsprechend große Kastenform (Königskuchenform) verwenden. Die Form in diesem Fall gut mit Butter einfetten, kein Backpapier verwenden.

SCHWABEN | ALLGÄU

Knöpfle, Flädle, Buabaspitzla …

… typische Vertreter schwäbischer Kochkunst, denn: *„Aus wenig sparsam vielerloi, des isch d'schwäbische Kocherei."* Erst Anfang des 19. Jahrhunderts wurden das heutige Bayerisch-Schwaben und das Allgäu dem Königreich Bayern angegliedert und so hat auch die Küche dieser Region ihre Wurzeln im Schwäbisch-Württembergischen. Der Dichter Hans Sachs kommentierte sie mit dem Satz: *„So sind die Suppen der Schwaben Schatz."* und Johann Wolfgang Goethe schwärmte: *„Lasst uns nach Schwaben entfliehen! Hilf Himmel! Es findet sich süße Speise da und alles Gute in Fülle …"* Fest steht: Ob Suppe oder Süßspeise – die Schwaben kochten immer schon ganz vorzüglich. Ihre besondere Könnerschaft bestand darin, mit Eiern, Mehl, Milch, Käse, Schmalz und Butter nahrhafte, wohlschmeckende Gerichte zuzubereiten. Nach der Einführung der Kartoffel, hier *Bodebire* genannt, erweiterte sich der Speiseplan beträchtlich: Aus den gekochten Knollen ließen sich neue sättigende Gerichte zubereiten.

Rings um die wohlhabenden Handelsstädte Augsburg, Memmingen und Kempten, die weltweite Handelskontakte pflegten, wurde schon sehr früh üppiger und genussfreudiger gekocht, als auf dem Land – der Einfluss Italiens und Frankreichs ist heute noch zu spüren.

Suppen sind nach wie vor fester Bestandteil der schwäbischen Küche: Nicht umsonst kennt der bayerische Volksmund den Begriff *„Subaschwoob"* (Suppenschwabe). Ob *Brotsuppe* oder die an Schlachttagen beliebte *Metzelsuppe* (die streng genommen nur mit beim Kochen aufgeplatzten Würsten zubereitet werden sollte), schwäbische *Kartoffelsuppe* oder *Fleischbrühe mit Spätzle*, *Knöpfle* oder *Flädle* (dünne Pfannkuchen, gerollt und in schmale Streifen

geschnitten) – als Krönung gilt die *Schwäbische Hochzeitssuppe*. Je freigiebiger der Brautvater, desto üppiger die Einlage: So können in der klaren Kraftbrühe Biskuitrauten oder Grießnockerln, Brätknödel, Leberknödel oder Flädle zu finden sein – oder auch alles zusammen. Zur Suppe reicht man gern auch etwas zum Eintauchen. Ein Stück *„eingenetztes Brot"* zum Beispiel. Der Name leitet sich von der traditionellen Herstellung ab: Der Hefeteig aus 70 % Weizen- und 30 % Roggenmehl wird mit nassen, also „eingenetzten" Händen portioniert und geformt.

Über schwäbische Grenzen hinaus berühmt und beliebt sind *Maultaschen*, gewickelte oder gefaltete Nudeltaschen mit einer herzhaften Füllung aus Fleischbrät. Sie sind die schwäbische Variante der italienischen Ravioli. Wie Ravioli entstammen Maultaschen der einfachen Küche, denn was an Resten vorhanden war, wurde klein geschnitten, vermengt, zerdrückt und in einen Teigmantel gehüllt. So es die Vorräte erlaubten, wurden die gegarten Maultaschen mit Zwiebeln in Butter geschmälzt und mit frischem Kartoffelsalat gereicht. An kargen Tagen oder in der Fastenzeit servierte man sie mit Kräutern gefüllt in einer einfachen Brühe. Ihren Beinamen „Herrgottsbscheißerle" verdanken sie der Tatsache, dass man nicht unbedingt erkennen kann, ob sich vielleicht auch Fleisch unter dem Teigmantel verbirgt …

Allgegenwärtig sind natürlich *Spätzle*. Besonders zu Fleischgerichten mit Sauce sind sie unverzichtbar. Vom Brett werden sie direkt ins kochende Wasser geschabt, weniger Geübte verwenden die Spätzlepresse oder einen Spätzlehobel. Im Allgäu bilden die weichen Eiernudeln die Grundlage für eine deftige Spezialität: *Kässpatzen*.

Schupfnudeln auch *Buabaspitzla* genannt, längliche, spitz zulaufende Nudeln aus Mehl- oder Kartoffelteig, in Salzwasser gegart und in Butter goldbraun angebraten, werden als Beilage serviert, aber auch als eigenständige Mahlzeit mit Kraut und Speck. Beliebt sind sie außerdem in der süßen Variante mit Apfelkompott. Auch *Knöpfle*, im Dampf gegarte Hefeteigknödel, findet man oft als Beilage auf dem Teller.

Fleischspeisen waren einst eher den wohlhabenden Städtern vorbehalten, sie kommen auch heute noch vornehmlich an Sonn- und Feiertagen auf den

Tisch: *Rostbraten*, *Fleischkiachla* (Hackfleischbällchen), *Gänse-*, *Rinder- und Schweinebraten*, *Leberkäs*, *Rindersteak*, *Surhaxn* (Schweinshaxe) und *Wild* gehören zum Küchen-Repertoire.

Aber auch Fisch spielt eine große Rolle: Im Voralpenland finden sich zahlreiche Fischweiher, die etwa *Saibling* oder *Zander* liefern.

Besonders Kuchen und Süßspeisen sind aus der Küche in Bayerisch-Schwaben und im Allgäu nicht wegzudenken. Die meisten Rezepte hierfür stammen aus der Zeit, als mit geringen Mitteln sättigende Speisen zubereitet werden mussten. Der Mangel hat die Hausfrauen jedoch erfinderisch gemacht und so entstanden Köstlichkeiten wie *Dampfnudeln*, *Nonnenfürzle* und *Apfelküchle*, *Arme Ritter*, *Hollermus* oder *Moschtküchle* ... auch heute noch sehr beliebte Leckereien für Süßschnäbel.

Bayerisch-Schwaben

Augsburg, einst Handelsmetropole und Finanzzentrum, heute drittgrößte Stadt Bayerns, ist Sitz einer Universität und der Regierung von Schwaben.

Die Söhne Kaiser Augustus gründeten 15 v. Chr. hier einen Militärposten, Bischof Ulrich ließ den ersten Befestigungswall errichten und 1316 wurde Augsburg zur freien Reichsstadt.

Internationale Beziehungen pflegte die heutige Industriestadt bereits im späten Mittelalter, zur Zeit der Kaufmannsdynastien Fugger, Welser und Hochstetter. Sie machten die Stadt zu einem Zentrum mittelalterlicher Kultur. Ohne die Darlehen von Jakob Fugger wäre Karl V. wohl nicht Kaiser geworden und so manche geschichtliche Entwicklung wäre vermutlich anders verlaufen. Im 16. Jahrhundert bekannte sich die Stadt zur Reformation und bot Martin Luther Unterkunft bei den Karmelitermönchen von St. Anna. Im 19. Jahrhundert wurde hier die erste Druckmaschine gebaut und Rudolf Diesel entwickelte hier seinen Verbrennungsmotor.

Weltberühmt ist die *Augsburger Fuggerei*, sie ist die älteste Sozialsiedlung Deutschlands. 1516 von Jakob Fugger gegründet als Unterkunft für seine „fleißigen, unschuldig in Armut geratenen Mitbürger", wird die Anlage mit einer kleinen Kirche und fast 150 Wohnungen heute noch von bedürftigen Augsburgern bewohnt.

Lohnend ist auch ein Spaziergang in der – durch die Bomben des 2. Weltkriegs zerstörten, wieder aufgebauten und restaurierten – Altstadt. An Augsburgs Prachtboulevard, der *Maximilianstraße*, reihen sich die alten farbenfrohen Patrizierhäuser aneinander. Besonders sehenswert sind die Fuggerhäuser, das *Schätzlerpalais* und natürlich die prächtigen *Brunnen von Adrian de Vries*. Das *Renaissance-Rathaus* von Elias Holl mit seinem prachtvollen goldenen Saal, der *Perlachturm* und der *Augustusbrunnen* auf dem Platz davor sind ein perfektes Arrangement.

Die Kirche *St. Ulrich und Afra* und der *Mariendom* mit seinen Prophetenfenstern – eine der ältesten Glasmalereien aus dem 12. Jahrhundert – zeugen von der einstigen Macht der Stadt.

Aber nicht nur die Sehenswürdigkeiten lohnen einen Besuch der Stadt: In zahlreichen Kneipen, Cafés und Restaurants kann man schwäbische Küche und Augsburger Bier genießen.

Die *Jakober Kirchweih*, das älteste Augsburger Volksfest, findet jedes Jahr Ende Juli statt. Der Überlieferung zufolge gründet es sich auf die vor 1000 Jahren gebaute Kapelle vor dem *Barfüßer-Tor*, die für die Jakobspilger auf dem Weg nach Santiago de Compostela als Rastplatz diente. Historisch belegt ist das

Fest erst ab Mitte des 18. Jahrhunderts, damals handelte es sich um eine Mischung aus Jahrmarkt und Volksfest.

Nicht überall findet man einen täglich geöffneten *Stadtmarkt* wie in Augsburg: Von der Annastraße aus führt ein schmiedeeisernes Tor hinein in ein üppiges Angebot an heimischem Obst und Gemüse, Blumen, exotischen Früchten und internationalen Spezialitäten sowie Fleisch und Wurst, Fisch und Meeresfrüchten.

Eine Augsburger Besonderheit ist das alljährlich am 8. August stattfindende „Hohe Friedensfest". Es geht zurück auf den Augsburger Religionsfrieden von 1555, der den Glaubenskrieg zwischen dem katholischen Lager und den Anhängern von Luthers Reformation beendete. Im Stadtgebiet Augsburg ist der Tag ein gesetzlicher „städtischer" Feiertag. Seit 1985 verleiht die Stadt an diesem Tag einen Friedenspreis.

Eines der ältesten deutschen Kochbücher, eine handschriftliche Rezeptsammlung, verdanken wir einer Augsburgerin: Das *Kochbuch der Philippine Welser*. Eine echte Augsburger Erfindung übrigens soll die Bezeichnung für einen beliebten Obstkuchen sein: *Zwetschgendatschi*. Ein dünn ausgerollter Hefeteigkuchen, der mit halbierten Zwetschgen belegt wird. Genauer: die Zwetschgen werden in den Teig hinein gedrückt (*„gedatscht"*), was dem Blechkuchen den Namen beschert haben soll.

Im Norden Bayerisch-Schwabens liegt eine besonders schöne, fast „außerirdische" Landschaft: das **Nördlinger Ries**. Es entstand vor 15 Millionen Jahren durch einen Meteoriteneinschlag. Der kreisrunde Krater gilt heute als einer der am besten erhaltenen und erforschten Meteoritenkrater der Welt.

Im *Nördlinger Rieskrater-Museum* erfährt man alles über diese Gegend und kann dort sogar ein Stück echtes Mondgestein besichtigen.

Mitten im Ries liegt die mittelalterliche Stadt **Nördlingen** mit ihren denkmalgeschützten Häusern und ihrer vollständig erhaltenen Stadtmauer mit den fünf Stadttoren. Im Zentrum steht die Kirche *St. Georg* mit dem beeindruckenden, fast 90 Meter hohen Turm, dem *Daniel*.

In der Stadt hat sich seit 600 Jahren ein besonderer Brauch erhalten: das *Stabenfest*. Ursprünglich ein Vergnügen ausschließlich für Kinder, ist es heute ein dreitägiges Volksfest für die ganze Region, das alljährlich Anfang Mai gefeiert wird. Höhepunkt ist der Umzug mit mehr als 2000 Kindern, die morgens durch die Altstadt zur Kaiserwiese ziehen. In den Händen halten sie Stäbe, deren Spitzen mit Blumen und bunten Bändern geschmückt sind – Maibäume en miniature.

Die ehemalige Reichsstadt weiß zu feiern: Alle drei Jahre findet im September ein besonderes Spektakel, das *Historische Stadtmauerfest* statt. Es versetzt die gesamte Innenstadt ins Mittelalter zurück: mit Gauklern, Reiter- und Ritterspielen – und natürlich entsprechender kulinarischer Begleitung.

Eine kulinarische Besonderheit der Gegend um Nördlingen ist die *Rieser Bauratort*, auch *Kirbetort* oder *Riasertort*, genannt, ein riesiger, mit Apfelmus gefüllter, flacher Hefeteig-Kuchen mit einem Durchmesser von bis zu 60 cm.

Ein Tipp für Bierliebhaber: Seit 1608 braut die *Ankerbrauerei* Bier in Nördlingen. Besondere Erwähnung verdient dabei das *Rieser Hefeweizen*, eine fruchtig-hefetrübe Bierspezialität.

Die Gegend um das von Gotik und Barock geprägte **Donauwörth** an der *Romantischen Straße* ist bei Anglern wegen ihrer fischreichen Flusslandschaft

an der Mündung der Wörnitz in die Donau bekannt. Hecht, Waller und Zander lassen sich hier fischen.

Eine besondere Attraktion zieht Liebhaber handgearbeiteter Puppen an: das *Käthe-Kruse-Puppenmuseum*.

Im Juli feiert die Stadt das *Reichsstraßenfest* mit dem farbenprächtigen Einzug der Gartenbauvereine und Kleingärtner.

Direkt an der Grenze zu Baden-Württemberg liegt das Städtchen **Illertissen** mit dem sehenswerten Renaissance-*Schloss Vöhlin*. Wer auf floristische Entdeckungsreise gehen möchte, ist hier, in der *Staudengärtnerei Gaissmayer,* goldrichtig. Neben Stauden und Blumen gibt es vor allem Kräuter in einer unzählbaren Vielfalt.

In **Babenhausen** begegnen wir wieder der Familie Fugger. Hier ließ sich einst Anton Fugger von Quirin Knoll ein Schloss errichten, das heute eine ständige Ausstellung über die Familiengeschichte der Fugger beherbergt.

Allgäu

Alle drei Jahre wird Ende Juni/Anfang Juli in **Mindelheim** ein farbenprächtiges Spektakel zu Ehren des „Vaters aller Landsknechte" gefeiert: das zehn Tage andauernde *Frundsbergfest*. Georg von Frundsberg stand in kaiserlich-habsburgischen Diensten, und er hatte seinen Stammsitz auf der *Mindelburg* oberhalb der Stadt. Mittelalterliche Kostüme prägen zu diesem Fest das Stadtbild. Bemerkenswert auch die *Mindelheimer Fasnacht*, bei der sogar die 28 m hohen Türme am *Oberen Tor* narrisch kostümiert werden.

In **Köngetried** bei Mindelheim findet sich die *Katzbrui-Mühle*, die als einzige altdeutsche Getreidemühle Bayerns erhalten ist. In der rund 350 Jahre alten Gaststube und dem idyllischen Biergarten gibt es *Mühlenbier* aus der Hausbrauerei, selbstgebackenes Brot aus dem Steinbackofen, Fleisch aus der eigenen Räucherkammer und fangfrische Forellen aus dem Mühlenteich.

Auch die 800 Jahre alte Reichsstadt **Memmingen** ist eine Stippvisite wert. Hier haben sich neben dem mittelalterlichen Stadtkern noch jede Menge Feste und Bräuche erhalten: Das traditionelle *Fischerfest* zum Beispiel. Nachdem einmal im Jahr zur Reinigung des Stadtbaches das Wasser abgelassen werden muss, wird er vorher leer gefischt. Mit dem Böllerschuss um Punkt 8.00 Uhr springen unter dem Gejohle der zahlreichen Zuschauer einige hundert Männer, die allesamt ledig und in Memmingen geboren sein müssen, in den Stadtbach und fischen die Forellen heraus. Fischerkönig ist, wer den größten Fisch auf die Waage bringt.

Ein noch viel größeres Spektakel jedoch veranstalten die Memminger alle vier Jahre im Anschluss an das Fischerfest: die *Wallensteinfestspiele*. Das Historienspiel in Erinnerung an den Aufenthalt des Feldherrn in Memmingen im Dreißigjährigen Krieg bringt die ganze Region auf die Beine.

Der Pfarrer und das kalte Wasser: Sebastian Kneipp, 1821 in einem kleinen Weiler nahe der Benediktinerabtei Ottobeuren geboren und später Priester im Allgäu, war der erste „Heilpraktiker" mit ganzheitlichem Therapieansatz. Mit Gottvertrauen, Kräutern und kaltem Wasser kurierte er Herz- und Gefäßkrankheiten. Heute gibt es in Deutschland etwa 60 Kneippvereine, das Zentrum der Bewegung ist Bad Wörishofen.

In **Kaufbeuren** findet alljährlich im Juli das mittelalterliche *Tänzelfest*, es ist das älteste Kinderfest Bayerns, statt. Vor dem Rathaus wird die angebliche Stiftung dieses Festes durch Kaiser Maximilian I. szenisch nachgespielt. Mehr als 2000 Kinder in detailgetreuen historischen Kostümen ziehen anschließend durch die Altstadt zu einem kleinen Wäldchen, das den Namen *Tänzelhölze* trägt. Ein buntes Rahmenprogramm mit Fahnenschwingern und Tänzern, neuerdings auch Theater- und Gauklervorführungen, rundet das Fest ab.

Kempten, eine der ältesten Städte Deutschlands, gilt als das Herz des Allgäus. Schon die pittoreske Innenstadt mit *Rathaus* und *Rathausplatz* sowie das erzbischöfliche *Residenz-Ensemble* mit dem *Hofgarten* lohnen einen Besuch. Die lange Geschichte der Stadt ist geprägt von Kämpfen zwischen Klerikern und Bürgern, Katholiken und Protestanten. Durch diese Querelen entstanden einst sogar zwei Stadtkerne, die erst im 19. Jahrhundert wieder vereint wurden.

Seit 1949 findet in Kempten alljährlich die *Allgäuer Festwoche* statt, eine Mischung aus Volksfest und Messe, die viele Besucher anzieht. Für Bierliebhaber zu empfehlen ist die Degustation einer besonders kräftigen, malzaromatischen Spezialität aus dem *Allgäuer Brauhaus*: Der dunkle Doppelbock *Cambonator* mit einem Alkoholgehalt von erstaunlichen 7,2 Prozent.

In **Nesselwang** wurde wieder belebt, was schon früher zur Schönheitspflege geschätzt wurde: das Baden in Bier! Im *Allgäuer Bierbad* entfaltet das Bier nicht nur seine positive Wirkung auf die Haut, sondern trägt auch durch wohltuende, sanfte Entspannung zum Stressabbau bei. Zahlreiche Wellness-Hotels der Umgebung bieten Bier-Badekuren an. Beim *Postwirt* etwa kann ein Drei-Tage-Paket *Allgäuer Bier-Badespaß* gebucht werden. Das *Allgäuer Bierbad* lässt sich in einer 3-Liter-Magnumflasche übrigens auch mit nach Hause nehmen.

Kleiner Tipp für Fleischliebhaber: Im Hofladen von *Bio-Metzger Anton Steiner* gibt es wunderbar aromatisches Fleisch vom Weideochsen.

Das ehemals fürstbischöfliche Städtchen **Füssen** ist Bayerns höchstgelegene Stadt (808 m N.N.) und galt bis ins 19. Jahrhundert in Europa als bedeutendes Zentrum des Geigenbaus und der Lautenmacherei. Ein Einkaufsbummel durch die Stadt führt oft genug in den Spezialitäten-Laden *Wasta* von Anna-Maria von Pocci: Die Gräfin offeriert eine formidable Auswahl an Wildbret.

Wildspezialitäten werden auch feilgeboten, wenn in Füssen das *Kaiserfest* stattfindet. Es steht für mittelalterliche Markttage, wie sie Kaiser Maximilian I. bei seinen Besuchen in Füssen angetroffen haben soll: Garküchen, Würstlgrill, Buden mit Wein-, Met- und Bierausschank, alte Handwerke, Marktschreier, Gaukler und Musikanten begeistern die Besucher.

Vom nahe gelegenen **Alatsee** führt ein Wanderweg zur **Salober Alm** (Österreich) auf 1150 m Höhe. Der Aufstieg bietet viele schöne Ausblicke über das **Faulenbachtal**, die **Ammergauer Berge** und das **Wettersteingebirge**. Oben verwöhnt der Hüttenwirt den Wanderer mit kühlem Bier und einer deftigen Brotzeit.

Jeweils am ersten Sonntag nach Fasnacht findet in vielen Allgäuer Ortschaften ein alter Feuerbrauch statt: das Funkenfeuer. Ein kunstvoll aufgeschichteter, mehrere Meter hoher Turm aus gesammeltem und zusammengebetteltem Holz, Stroh sowie ausgedienten Weihnachtsbäumen – der „Funken" – wird gekrönt von einer Stange, an der eine mit Schießpulver gefüllte Strohpuppe, die Funkenhexe, befestigt ist. In der Abenddämmerung zieht das ganz Dorf in Begleitung einer Musikkapelle zum Funken, um ihn zu entzünden. Je höher und heller das Feuer brennt, desto fruchtbarer und besser wird angeblich das folgende Jahr. Ordentlich gefeiert wird dabei natürlich auch, mit Funkenküchle (Schmalznudeln), Bier und Glühwein.

Das Gschwender Horn (1450 m N.N.) bei **Immenstadt** war und ist ein beliebter Tourenski- und Wanderberg. Hier wurde mit Hilfe der *Allianz Umweltstiftung* ein neues Wegenetz angelegt. Knapp eineinhalb Stunden dauert der

Eine Erfolgsgeschichte: Allgäuer Käse! Vom blauen Land zu grünem Land, von blau blühenden Flachsfeldern zu grünen Wiesen: Anfang des 19. Jahrhunderts wurde der Flachsanbau und die Verarbeitung in kleinen Handwebereien immer unrentabler. Der Bauernsohn Carl Hirnbein sann auf Abhilfe. Er gründete mit Hilfe von Schweizer Sennen die erste gewerbliche Sennerei und produzierte den ersten Allgäuer Emmentaler. 1830 dann gab es den ersten Allgäuer Limburger.

Weitere Sorten wurden bald auf Allgäuer Art nachempfunden und erfolgreich vermarktet. Hirnbein brachte es zu einem beachtlichen Vermögen, er besaß bald mehr als 100 Alpen. Mit der Umstellung auf Weide- und Milchwirtschaft verwandelte sich das Landschaftsbild, aus dem „Hungerland" wurde ein florierender Landstrich. Mit der Eröffnung des ersten Hotels in den Allgäuer Alpen – dem Grüntenhaus – im Jahre 1852, legte Hirnbein auch den Grundstein für den Fremdenverkehr in der Region. In Missen-Wilhams gibt es ihm zu Ehren ein kleines, sehenswertes Museum.

Aus den ehemals kleinen Sennereien sind heute zumeist hochspezialisierte Betriebe geworden, die ihre Produkte weltweit vertreiben. Daneben haben sich aber auch viele Familienbetriebe mit handwerklichen Produktionsmethoden erhalten, die ihre Produkte an Urlaubsgäste verkaufen aber auch Feinkostgeschäfte, wie etwa „Dallmayr" oder „Käfer" in München, beliefern.

Die beiden Hauptsorten des Allgäus, Bergkäse und Emmentaler, unterscheiden sich durch die Farbe und unterschiedlich große Löcher. Bergkäse schmeckt würziger, wird im Tal, aber auch in Sennhütten über 900 m in kleineren Laiben produziert und muss je nach Geschmack 3 bis 18 Monate reifen. Ein Butterbrot, einige dicke Scheiben Allgäuer Käse, dazu ein kühles Bier – auf einer der fast 700 Alpen ein ganz besonderer Genuss!

In Bad Oberdorf bei Hindelang ist die Schaukäserei „Obere Mühle" zu besichtigen. Die Familie Egger-Rohrmoos bezieht die Milch für ihren Käse von Bauern, die ihre Wiesen extensiv bewirtschaften und die sich zum Verein „Hindelang – Natur und Kultur" zusammengeschlossen haben.

Aus Rohmilch wird in der „Mühle" Bergkäse, Emmentaler, Weiß- und Rotschimmelkäse hergestellt, die im Felsenkeller reifen. Köstliche Rohmilch-Schaf- und Ziegenkäse ergänzen das Sortiment. An Werktagen kann der Besucher dem Sennen über die Schulter schauen.

Eine kulinarische Attraktion ist die 47 km lange Westallgäuer Käsestraße bei Lindenberg. Auf einem Rundkurs kann man mit dem Fahrrad – wer es bequemer haben möchte, nimmt das Auto – acht Sennerein besichtigen. Für das leibliche Wohl sorgen 15 Gasthäuser, zwei Hofläden auf typisch Allgäuer Bauernhöfen, eine Bierbrauerei und eine Obstbrennerei.

Aufstieg zur Alpe **Starkatsgund**, die von Familie Hagspiel bewirtschaftet wird. Von hier aus hat man einen herrlichen Blick auf den **Alpsee** und das prächtige Bergpanorama. Wanderer werden herzlich aufgenommen und mit Bergkäse und vorzüglichem Speck verköstigt.

Der als *Viehscheid* bezeichnete Almabtrieb Mitte September wird in vielen Orten des südlichen Allgäus als großes Fest begangen und das hat eine lange Tradition. Das Vieh der Bauern „übersömmert" auf den Alpen in der Region. Nach dieser Sommerfrische werden die Tiere, von den Hirten prachtvoll geschmückt, zurück ins Tal geführt. Allen voran, an der Spitze des Zuges, geht die „Kranzkuh", mit einem üppigen Kranz aus Blumen und mit Spiegeln verziert – allerdings nur, wenn der Viehbestand auf der Alpe von größerem Unglück verschont geblieben ist. Es ist ein imposantes Spektakel, wenn Hunderte von Tieren mit ihren Kuhglocken, begleitet von den festlich gekleideten Hirten und Sennen, durch die Orte ziehen. Am Scheidplatz durchlaufen die Tiere einen Verschlag, in dem sie getrennt (geschieden) werden. Die Hirten rufen die Namen der Besitzer auf, die schon bereitstehen, um ihr Vieh in Empfang zu nehmen. Ein solches Ereignis ist natürlich ein trefflicher Grund zum Feiern: Im Festzelt spielt eine zünftige Blasmusik auf und ein ordentliches Essen sowie ein oder zwei Maß Bier müssen da schon sein.

Eine besondere Spezialität zum Viehscheid sind die *Scheid-Schüblinge*, kräftig gewürzte Brühwürste mit hohem Rindfleischanteil.

In **Oberstaufen-Steibis** findet sich die *Kräuter-Alp* von Gerda und Michael Schneider, an einem kleinen Bergsee unmittelbar neben dem *Alpengasthof Hörmoos* auf 1300 Meter. Sie ist die höchstgelegene Brennerei im Allgäu. Alle Kräuter, die Schneiders für Brände,

Liköre oder Elixiere verwenden, stammen ausschließlich aus dem Gelände rund um die Alpe und sind besonders aromatisch. Besonders zu empfehlen ist der weiche, für diese Gegend typische *Enzian*. Nach Meinung der Allgäuer eine ganz besondere „Medizin" gegen allerlei Krankheiten ...

Ganz im Südwesten endet Bayern an der „Bayerischen Riviera", dem Ufer des Bodensees. Nach Napoleons Sieg über die Österreicher mussten sie die Inselstadt **Lindau** und die beiden Weindörfer **Wasserburg** und **Nonnenhorn** seinen bayerischen Bundesgenossen abtreten. Ein sechs Meter hoher Löwe an der Hafenmole von Lindau zeigt an, dass hier Bayern beginnt. Die Stadt Lindau mit ihrem historischen Stadtkern und der einmalig schöne Blick über das „schwäbische Meer" mit seinem Alpenpanorama lohnen allemal einen Besuch.

In Lindau hält sich übrigens ein bizarrer Faschingsbrauch mit Ursprung im 17. Jahrhundert: Der *Buzentanz*, der am *Rußigen Freitag* nach Einbruch der Dunkelheit aufgeführt wird. Vor dem *Alten Rathaus* wird ein Galgen aufgebaut, unter dem sich zwei Feuerstellen befinden. Lindauer *Pflasterbuzen* (maskierte Narren) hängen dort einen Weidenkorb mit einem (ausgestopften) Hahn auf, dem Symbol der Fruchtbarkeit. Die *Dämonen des Winters* wollen das *Symbol der Fruchtbarkeit* – den Hahn – töten und damit die Herrschaft des Winters über den Frühling erhalten. Der *Buzenteufel* jedoch hat es ebenfalls auf das Leben des armen Tieres abgesehen. Es entsteht eine grotesker Tanz mit viel Rauch und bengalischen Feuern, der schließlich ein glückliches Ende findet: Der Hahn „überlebt" und wird symbolisch für einen guten Zweck unter den Anwesenden versteigert – und das Frühjahr kann kommen.

Das milde Klima und die steilen Hänge am See ermöglichen Weinbau in diesem Gebiet. Zahlreiche engagierte Winzer produzieren sehr feine, ausgewogene *Weißweine*, die besonders gut zu einem frisch gebratenen *Bodenseefelchen* passen. Wer sich einen Eindruck von der Leistungsfähigkeit bayerischer Bodensee-Winzer machen möchte, besucht das jährlich im Juni stattfindende zweitägige Weinfestival *Komm und See*. Zehn Weingüter bieten dann Weinverkostungen und regionale Spezialitäten an.

Weithin gerühmt und begehrt ist das Obst vom Bodensee und im Frühjahr bieten blühende Obstbäume ein herrliches Bild. Im *Hofladen des Münchhofs* in Lindau wird alles angeboten, was aus heimischen Früchten hergestellt werden kann – von getrockneten Apfelringen mit Schokoladenüberzug bis zu den süffigen Obstsäften und den etwas kräftigeren Obstbränden.

Tobias Eisele: Einfach gut kochen ... die Tradition nicht vergessen!

„Ich habe einen ganz einfachen Geschmack: Ich bin immer mit dem Besten zufrieden.“

Dieses bekannte Oscar-Wilde-Zitat schmückt in „Schreiegg's Posthotel“ in Thannhausen nicht nur die Image-Broschüre, sondern ist auch Anspruch des Inhabers, Dr. Nils Goltermann, der Restaurant und Hotel im Jahre 2000 mit dem Ziel ins Leben rief, einen Anziehungspunkt für Gourmets im schwäbischen Barockwinkel zu schaffen. „Viele hielten mich für verrückt, hier auf dem Land ein solches Restaurant zu eröffnen“ erinnert sich der Wahl-Schwabe, der immer schon gerne gegen den Strich bürstete. Auch als er vor gut 30 Jahren in die traditionsreiche Postbrauerei Thannhausen „einheiratete“. Dabei war der Postbräu, eine ehemalige königliche Poststelle, durchaus erfolgreich: Als erste Landbrauerei lieferte sie 1926 Bier in die Landeshauptstadt und hatte später sogar ein Depot und eine Abfüllstation in München.

Trotzdem sah Goltermann so viele Optimierungsmöglichkeiten, dass seinem Schwiegervater alsbald, wie er sich schmunzelnd erinnert, ernsthafte Zweifel kamen, ob er der richtige Nachfolger sei. In der Tradition zu verharren ist Goltermanns Sache nicht. „Die meisten Brauer hängen doch an ihren alten Zöpfen, statt zu schauen, wo noch Fleisch am Knochen ist“, heißt die Devise nach der er sein Unternehmen führt. Während andere sich einigen, flicht er Kooperationen wie mit der Schlossbrauerei Kaltenberg des Prinz Luitpold von Bayern.

Er experimentiert mit den Rohstoffen Hopfen und Malz und entwickelt so neue Biertypen. Und er eröffnet ein Gourmet-Restaurant, wo er mit großem Erfolg seine elf Biersorten in 0,1-Liter-Gläsern ausschenkt – für einen Brauer eine wahrlich homöopathische Dosierung!

Seit Juni 2006 ist in Thannhausen der gebürtige Württemberger Tobias Eisele Küchenchef, der bereits in einigen ausgewiesenen Top-Restaurants wirkte, zuletzt auf der mit einem Michelin-Stern dekorierten Burg Staufeneck.

Eisele kocht an „gegen das Vergessen“, wie er sagt. „Früher hatte das Essen einen anderen Stellenwert, denn man hatte einfach viel mehr Zeit für die Zubereitung und das Verzehren.“

In der Tradition der schwäbischen Küche, die viele zeitaufwändige Gerichte kennt, nimmt Eisele sich die Zeit, um „ehrlich zu kochen“. Dazu zählen für ihn natürlich die Bezugsquellen für seine Gerichte: Eine kleine Metzgerei im Ort liefert Fleisch und Geflügel, mit einem Bäcker und einem Gärtner in der Region gibt es ebenso Liefervereinbarungen, wie mit einer Ziegenkäserei.

„Regional kochen heißt auch regional einkaufen“, bekräftigt Eisele, „wie eben früher, wo halt mit dem gekocht wurde, was verfügbar war“. Das meint Eisele auch mit ehrlicher Küche.

Dabei ist er natürlich viel zu ambitioniert, als dass er in der Vergangenheit verharren würde. Eisele kocht nach alten Rezepten, aber er interpretiert sie neu. Und er kreiert Kompositionen, die überraschen und neugierig machen: Käse zu sauren Kartoffelrädle beispielsweise, oder Spätzle mit sauren Bohnen.

Klar, dass er darauf achtet, kalorienarm zu kochen, wenngleich er das auch nicht übertreiben will: „Eine schwäbische Spezialität ist schon mal eine Sünde wert!“

Dreierlei von der Gartengurke mit gebratener Lachsforelle

Für das Gurkensorbet:
2 Gartengurken
80 ml Zuckersirup (Fertigprodukt)
15 g Glucose (im Fachhandel oder in einer Konditorei erhältlich)
Saft und abgeriebene Schale von 1 1/2 Limetten
3 EL Joghurt
1 Spritzer Holunderschnaps

Für die Gurkenkaltschale:
2 Gartengurken
30 g Sauerrahm · 30 g Crème fraîche
Salz · Zucker · frisch gemahlener Pfeffer
1 Spritzer Tabasco

Für die Gurkennudeln:
2 Gartengurken
60 g Sauerrahm
1 Msp. Wasabi (Asiageschäft)
Salz · frisch gemahlener Pfeffer
1–2 Spritzer Zitronensaft
1 TL gehackte Petersilie

Ausserdem:
8 Dillspitzen
4 Lachsforellenfilets, je etwa 60 g
Salz, 3 EL Öl zum Braten
einige frische Minzeblättchen, in Streifen geschnitten

1 Für das Gurkensorbet die Gurken schälen und mit den restlichen Zutaten im Mixer fein pürieren. Die Gurkenmasse in der Eismaschine cremig gefrieren lassen. Alternativ die Masse in eine Schüssel füllen und etwa 6 Stunden ins Gefrierfach stellen, dabei ab und zu durchrühren.

2 Für die Gurkenkaltschale die Gurken waschen, halbieren und die Samen entfernen. Die Gurkenhälften klein schneiden und im Mixer mit dem Sauerrahm und der Crème fraîche pürieren. Alles mit Salz, Zucker, Pfeffer und einem Spritzer Tabasco abschmecken. Die Gurkencreme durch ein Sieb passieren und bis zum Anrichten kühl stellen.

3 Für die Gurkennudeln die Gurken schälen und mit einem Gemüseschäler dünne Streifen Fruchtfleisch abschälen. Aus dem Sauerrahm, Wasabi, Salz und Pfeffer sowie Zitronensaft eine Marinade rühren und unter die Gurkennudeln mischen. Kurz durchziehen lassen, die Petersilie unterheben, die Gurkennudeln abschmecken und auf Tellern anrichten.

4 Den Dill fein schneiden und unter die Gurkenkaltschale mischen. Anschließend die Kaltschale in vier Tassen anrichten und jeweils neben den Gurkennudeln auf die Teller stellen.

5 Die Forellenfilets salzen. In einer Pfanne das Öl erhitzen, die Filets darin kurz anbraten und bei reduzierter Temperatur in 2 bis 3 Minuten fertig garen.

6 Inzwischen von dem Gurkensorbet mit einem Löffel Nocken abstechen, je eine Nocke neben den Gurkennudeln platzieren und mit Minzestreifen garnieren. Die gebratenen Lachsforellenfilets auf den Gurkennudeln anrichten.

Tipp: Glucose erhalten Sie auch unter der Bezeichnung Glucosesirup im Versandhandel, beispielsweise bei der Firma Evert. Sie können aber auch bei Ihrem Konditor danach fragen.

Tagen und tafeln

Zum schwäbischen Tagungszentrum Kloster Irsee, einem ehemaligen Benediktiner-Kloster, gehört auch eine Brauerei mit Wirtshaus und ein Brauereimuseum.

In den historischen Räumen wird zu hauseigenem Bier und ausgesuchten Bodensee-Weinen frische leichte Küche serviert. Im Sommer können Veranstaltungen im herrlichen Klostergarten mit Orangerie gebucht werden.

Gebratenes Saiblingsfilet auf Steckrüben-Grünkern-Risotto mit Rieslingsektsauce

Für das Risotto:

60 g Butter
200 g Steckrüben, geschält und gewürfelt
$^1/_4$ TL Zucker
50 g Schalotten, geschält und fein gewürfelt
$^1/_2$ Knoblauchzehe, abgezogen und fein gehackt
240 g Grünkern, ganze Körner
Salz · 60 ml Weißwein
$^1/_2$ l Geflügelfond
80 ml Sahne
50 g frisch geriebener Parmesan
frisch gemahlener Pfeffer
2–3 Spritzer Zitronensaft
1 TL gehackte Petersilie

Für die Sauce:

20 g Wermut, etwa Noilly Prat
1 EL Weißwein · 200 ml Fischfond
100 g Crème double
Salz · 2–3 Spritzer Zitronensaft
1–2 Spritzer Tabasco
2 EL kalte Butter
50 ml Rieslingsekt

Für die Saiblingsfilets:

4 Saiblingfilets mit Haut, je 150 g
Salz · 50 g Mehl
6 EL Öl zum Braten

1 In einem Topf die Butter erhitzen, die Steckrübenwürfel darin kurz anschwitzen, den Zucker einstreuen, umrühren und die Rübenwürfel leicht karamellisieren lassen.

2 Schalottenwürfel, den Knoblauch und Grünkern untermischen und kurz anschwitzen. Salzen und mit dem Weißwein ablöschen. Den Geflügelfond angießen, alles nochmals umrühren und die Temperatur reduzieren. Das Risotto bei schwacher Hitze in etwa 25 Minuten gar ziehen lassen, dabei gelegentlich umrühren.

3 Inzwischen die Rieslingsektsauce zubereiten: Dafür Wermut, Weißwein und Fischfond in einem Topf zum Kochen bringen und ohne Deckel etwa auf die Hälfte reduzieren. Die Crème double unterrühren und alles erneut um etwa ein Drittel reduzieren. Mit Salz, Zitronensaft und Tabasco abschmecken.

4 Die Saiblingfilets salzen und in Mehl wenden, überschüssiges Mehl abklopfen. In einer Pfanne das Öl erhitzen und die Filets auf der Hautseite etwa 4 Minuten kross anbraten. Die Filets wenden, die Pfanne vom Herd nehmen und den Fisch in der heißen Pfanne noch etwa 2 Minuten ziehen lassen.

5 Inzwischen die Sauce fertig stellen: Die kalte Butter in Flöckchen mit einem Schneebesen unterschlagen und die Sauce mit dem Sekt verfeinern.

6 Das Risotto vom Herd nehmen, Sahne und Parmesan unterrühren und alles mit Salz, Pfeffer und Zitronensaft abschmecken. Die Petersilie untermischen und das Steckrüben-Grünkern-Risotto auf Tellern anrichten, jeweils mit einem gebratenen Saiblingsfilet belegen und mit der Rieslingsektsauce umgießen.

Obazter im Knuspermantel auf Zwiebel-Vinaigrette

150 g weicher Camembert
100 g mehlig kochende Kartoffel, gekocht und gepellt
100 g Frischkäse
1–2 Spritzer Zitronensaft
10 g Speisestärke
½ Knoblauchzehe, abgezogen und fein gehackt
Salz · frisch gemahlener Pfeffer
je 1 kleine Prise Cayennepfeffer und edelsüßes Paprikapulver
1 Prise gemahlener Kümmel
8 kleine Frühlingsrollenteigblätter (Asiageschäft)
1 Ei, Mehl und Semmelbrösel zum Panieren
8 EL Maiskeimöl zum Ausbacken

Für die Zwiebel-Vinaigrette:
50 ml Weißweinessig
100 ml Maiskeimöl
Salz · frisch gemahlener Pfeffer · Zucker
2 kleine Zwiebeln, geschält und fein gewürfelt
2 EL fein geschnittener Schnittlauch

1 Den Camembert klein schneiden und zusammen mit der Kartoffel mit einer Gabel sehr fein zerdrücken, dann durch ein grobmaschiges Sieb streichen. Anschließend die Masse mit Frischkäse und Zitronensaft glatt rühren. Die Speisestärke unterrühren und die Käsecreme mit Knoblauch und Gewürzen abschmecken.
2 Die Frühlingsrollenblätter auf einer Arbeitsfläche ausbreiten. Jeweils etwas Käsemasse in die Mitte setzen und die Teigränder seitlich einschlagen. Die quadratischen Teigpäckchen dann für 30 Minuten ins Gefrierfach legen.
3 Für die Zwiebel-Vinaigrette den Weißweinessig mit Öl, Salz, Pfeffer und etwas Zucker verrühren. Die Zwiebelwürfel in einer Schüssel mit der Vinaigrette übergießen.
4 Zum Panieren der Teigpäckchen das Ei in einem tiefen Teller mit einer Gabel verrühren. Mehl und Semmelbrösel jeweils in einen tiefen Teller geben. Die Teigpäckchen zuerst in Mehl wenden, dann in Ei und schließlich in den Semmelbröseln wälzen.
5 In einer Pfanne das Öl erhitzen und die gefüllten Teigpäckchen darin ringsum goldbraun und knusprig braten. Herausnehmen und die Päckchen auf Küchenpapier kurz abtropfen lassen.
6 Inzwischen die Zwiebel-Vinaigrette abschmecken und den Schnittlauch untermischen. Den Obazten im Knuspermantel auf Tellern anrichten und heiß mit der Zwiebel-Vinaigrette servieren.

Tipp: Dazu passt sehr gut ein knackiger Blattsalat.

Camembert, Frischkäse und Kartoffel können auch durch eine Spätzlepresse gedrückt werden. Diesen Vorgang dann zweimal wiederholen.

Die gefüllten Teigpäckchen können problemlos einige Tage im Gefrierfach aufbewahrt werden.

Die Zwiebel-Vinaigrette wird besonders fein, wenn Sie je 1 EL gekochte, fein gewürfelte Möhren und Kohlrabi untermischen.

Bauernkäseknödel auf mariniertem Spargel mit rohem Schinken

Süße Hühnerdiebe

Zum Gedenken an ihre Vorfahren, die auf ihren Wallfahrten zum Kloster Mödlingen als Proviant das eine oder andere Hühnchen aus den Gärten am Wegesrand stahlen, gibt es in Dillingen „Hühnerdiebe" aus Marzipan. Sie heißen dort Dillinger Biberstehler.

Für die Käseknödel:
240 g altbackenes Bauernbrot, gewürfelt
40 g Butter
40 g Zwiebel, geschält und fein gewürfelt
150 ml Milch
Salz · frisch gemahlener Pfeffer
frisch geriebene Muskatnuss
3–4 Eier
1 TL fein gehackte Petersilie
120 g Bergkäse, gerieben

Für den Spargel:
8 Stangen grüner Spargel
8 Stangen weißer Spargel
Salz · 60 g Weißweinessig
50 g Maiskeimöl
1 Prise Zucker
frisch gemahlener Pfeffer
1 EL Petersilie, fein gehackt
1 EL feine Schalottenwürfel

Ausserdem:
8 Scheiben roher Schinken, hauchdünn geschnitten

1 Die Brotwürfel in eine Schüssel geben. In einem Topf die Butter erhitzen und die Zwiebelwürfel darin hell anschwitzen. Mit der Milch ablöschen und die Mischung über die Brotwürfel gießen. Alles mit Salz, Pfeffer und Muskat würzen, die Eier untermischen und die Masse etwa 1 Stunde ruhen lassen.
2 Inzwischen den Spargel schälen (den grünen Spargel nur am unteren Ende schälen) und in Salzwasser garen. Der weiße Spargel braucht je nach Dicke der Stangen 3 bis 9 Minuten, der grüne 3 bis 8 Minuten. Herausnehmen, abtropfen lassen, die Stangen in etwa 2 cm lange Stücke schneiden und in eine Schüssel geben. 60 ml Spargelkochsud abmessen und beiseite stellen.
3 Aus dem Weißweinessig, Spargelsud, Öl, Salz, Zucker und Pfeffer eine Vinaigrette rühren. Petersilie und Schalottenwürfel untermischen, den Spargel mit der Vinaigrette übergießen und bis zum Servieren marinieren.
4 Inzwischen die Knödel fertig stellen: Die gehackte Petersilie sowie den geriebenen Käse untermischen, die Masse abschmecken und daraus 8 Knödel formen. In einem Topf reichlich Salzwasser zum Kochen bringen. Die Knödel hineingeben und kurz unter dem Siedepunkt in etwa 10 Minuten gar ziehen lassen, dann mit einer Schaumkelle aus dem Wasser heben und abtropfen lassen.
5 Zum Servieren den marinierten Spargel in tiefen Tellern anrichten, je 2 Käseknödel darauf setzen und den gerollten Schinken daneben anrichten.

Tipp: Außerhalb der Saison kann man den Spargel ganz einfach durch eine andere Gemüseart oder durch Pilze – je nach Marktangebot – ersetzen.

Wer gerade etwas gekochtes Gemüse zur Hand hat, kann noch je 1 EL fein gewürfelte Möhre und Kohlrabi unter die Vinaigrette mischen.

Petersilienwurzel-Rahmsuppe mit bayrischen Flusskrebsen

Für die Suppe:
3 EL Öl
100 g Zwiebeln, geschält und gewürfelt
400 g Petersilienwurzeln, geschält und fein gewürfelt
$^{1}/_{2}$ Knoblauchzehe, abgezogen und fein gehackt
Salz · Zucker
50 ml Wermut, etwa Noilly Prat
1 l Geflügel- oder Gemüsebrühe
200 g Crème double
2 Spritzer Zitronensaft
Tabasco nach Belieben
50 g kalte Butter, in Stücken

Für die Einlage:
1 EL Butter
8 ausgelöste Flusskrebsschwänze

1 In einem Topf das Öl erhitzen, Zwiebeln, Petersilienwurzeln und Knoblauch hell darin anschwitzen. Salz und 1 Prise Zucker zufügen, das Gemüse bei milder Hitze etwa 10 Minuten unter Rühren weiter anschwitzen. Anschließend alles mit dem Wermut ablöschen und mit der Brühe auffüllen.

2 Die Suppe bei geringer Temperatur noch 15 bis 20 Minuten köcheln lassen, bis das Gemüse weich ist. Anschließend 4 EL gewürfelte Petersilienwurzel aus der Brühe nehmen und beiseite stellen. Die Crème double unter die Suppe rühren und alles im Mixer pürieren. Anschließend die Suppe durch ein Sieb passieren und mit Salz, Zucker, Zitronensaft und nach Belieben mit 1 Spritzer Tabasco abschmecken.

3 In einer kleinen Pfanne die Butter erhitzen und die Krebsschwänze kurz darin schwenken. Die Suppe mit der kalten Butter schaumig aufmixen. Je zwei Krebsschwänze mit 1 EL gewürfelter Petersilienwurzel in vorgewärmten Suppentellern anrichten und mit der heißen Suppe auffüllen.

Tipp: Anstelle von Krebsschwänzen eignen sich auch kurz angebratene Garnelen als Suppeneinlage.

Allgäuer Hochzeitssuppe

Für die Flädle:
1 Ei
100 ml Milch
50 g Mehl
Salz
20 g flüssige Butter
2 El Öl zum Braten

Für die Griessknödel:
60 g weiche Butter
1 Ei
75 g Hartweizengrieß
Salz, frisch geriebene Muskatnuss

Für die Markklösschen:
50 g ausgelöstes Knochenmark, 20 Minuten gewässert
1 Ei · 1 Eigelb
100 g Toastbrotbrösel ohne Rinde
Salz, frisch geriebene Muskatnuss
1 TL fein gehackte Petersilie

Für die Brätknödel:
150 g Kalbsbrät (beim Metzger vorbestellen)
Salz, frisch gemahlener Pfeffer, Tabasco
50 ml Sahne
1 TL fein gehackte Petersilie

Ausserdem:
1 l kräftige Fleischbrühe vom Kalbstafelspitz (siehe Tipp)
80 g Kalbstafelspitz, gekocht
je etwa 1 EL blanchierte Möhren-, Sellerie- und Lauchstreifen

1 Für die Flädle Ei und Milch in einer Schüssel leicht aufschlagen, das gesiebte Mehl rasch untermischen, alles zu einem glatten Teig verarbeiten und salzen. Die flüssige Butter unterrühren. In einer beschichteten Pfanne das Öl erhitzen und aus dem Teig 4 dünne Pfannkuchen von beiden Seiten goldbraun backen. Die Pfannkuchen jeweils zu einer festen Rolle aufrollen, dabei bei jeder Umdrehung etwas andrücken, und quer in sehr schmale Streifen (Flädle) schneiden, beiseite stellen.

2 Für die Grießknödel die Butter schaumig schlagen, bis sie fast weiß ist. Das Ei zufügen und weiter schlagen. Den Grieß unterheben und alles mit Salz und Muskat abschmecken. Den Teig 30 Minuten ruhen lassen. Anschließend in einem Topf Salzwasser zum Kochen bringen, etwas Teig abstechen und mit zwei feuchten Löffeln zu Nocken formen. Diese im siedenden Wasser 10 Minuten ziehen lassen, beiseite stellen.

3 Für die Markklößchen das ausgelöste Knochenmark durch ein Sieb drücken und in einer kleinen Pfanne auslassen. Das Mark in eine Schüssel geben, etwas abkühlen lassen und schaumig weiß schlagen, dann das Ei und das Eigelb untermischen. Die Toastbrotbrösel unterrühren und alles mit Salz, Muskat und Petersilie abschmecken. Die Masse im Kühlschrank 30 Minuten ruhen lassen. Anschließend aus dem Teig Klößchen formen und in kochendem Salzwasser 5 Minuten kochen, anschließend weitere 5 Minuten knapp unterhalb des Siedepunktes ziehen lassen.

4 Das Kalbsbrät in eine Schüssel geben und mit Salz, Pfeffer und einem Spritzer Tabasco würzen. Die Sahne unterrühren und den Teig mit gehackter Petersilie verfeinern. Mit zwei angefeuchteten Löffeln kleine Nocken abstechen und in siedendem Salzwasser in etwa 3 Minuten gar ziehen lassen.

5 Zum Servieren die Brühe erhitzen. Das Fleisch in Streifen schneiden und zusammen mit dem blanchierten Gemüse, jeweils 4 Nocken und Klößchen sowie einer Hand voll Flädle in der Suppe kurz erwärmen. Die Suppe in vier vorgewärmte tiefe Teller verteilen.

Tipp: Statt der Brühe vom Kalbstafelspitz können sie auch eine andere kräftige Fleischbrühe verwenden, so zum Beispiel Brühe und Fleisch von dem Tellerfleischrezept von Seite 40.

Übrig gebliebene Knödel, Klößchen und Flädle können Sie gut einfrieren. Sie halten sich etwa einen Monat im Gefrierschrank. Zur Verwendung einfach in heißer Brühe auftauen lassen.

Stallhasenrücken in Speck mit sauren Bohnen und Hefeknöpfle

Colomansritt

Am zweiten Sonntag im Oktober ist das kleine Kirchlein St. Coloman vor der Kulisse der Königsschlösser in Schwangau Schauplatz eines traditionellen Festes: Rund 200 Reiter auf festlich geschmückten Rössern ziehen zur Kirche. Im Anschluss an eine Feldmesse findet ein dreimaliger Umritt statt. Anschließend wird bei Blasmusik mit Bier und einer kräftigen Brotzeit zünftig gefeiert.

Für die Hefeknöpfle:

$^1/_4$ Würfel Hefe
150 ml lauwarmes Wasser
250 g Mehl
7 g Salz

Für die sauren Bohnen:

30 g Maiskeimöl
30 g Mehl
1 TL Tomatenmark
100 ml Rotwein
$^1/_4$ Knoblauchzehe, abgezogen und fein gewürfelt
1 Lorbeerblatt
1 Zweig frisches Bohnenkraut
1 TL Senf
1 TL gemahlener Kümmel
Salz · frisch gemahlener Pfeffer
600 ml Kalbsfond
500 g breite grüne Bohnen
50 g Räucherspeck, fein gewürfelt
50 g Zwiebel, geschält und fein gewürfelt
40 ml Essig

Für die Stallhasenrückenfilets:

8 Stallhasenrückenfilets, je 80 g
Salz · 8 Scheiben Räucherspeck, sehr dünn geschnitten
5 EL Maiskeimöl

1 Für die Knöpfle die Hefe in etwas lauwarmem Wasser auflösen. Mehl und Salz in eine Schüssel geben und mit dem Wasser-Hefe-Gemisch zu einem glatten Teig verarbeiten. Den Teig abgedeckt an einem warmen Ort 15 Minuten gehen lassen. Anschließend noch einmal durchkneten, zu 8 Knödeln formen und diese erneut 15 Minuten zugedeckt an einem warmen Ort gehen lassen.

2 Inzwischen für die sauren Bohnen das Öl erhitzen, das Mehl zufügen und unter Rühren hellbraun rösten. Das Tomatenmark kurz mitrösten und mit Rotwein ablöschen. Knoblauch, Kräuter und Gewürze zufügen und den Kalbsfond angießen. Alles unter Rühren aufkochen und die Flüssigkeit um ein Drittel reduzieren. Anschließend die Sauce durch ein Sieb passieren und beiseite stellen.

3 Die Bohnen putzen, in etwa 1 $^1/_2$ cm lange Stücke schneiden, in kochendem Salzwasser etwa 5 Minuten blanchieren, abgießen und abtropfen lassen.

4 In einem Topf mit Dämpfeinsatz 1 l Wasser zum Kochen bringen. Den Einsatz in den Topf setzten, die Knödel darauf legen, den Topf mit einem Deckel gut verschließen und die Hefeknöpfle 14 bis 16 Minuten im Dampf garen.

5 Die Stallhasenrückenfilets kalt abspülen, trockentupfen, salzen und jeweils mit einer Scheibe Speck umwickeln. In einer Pfanne mit hitzebeständigem Griff das Öl erhitzen, die Rückenfilets darin ringsum anbraten, dann bei 120 °C im vorgeheizten Backofen noch 4 bis 5 Minuten nachgaren.

6 Inzwischen in einem Topf die Speckwürfel kurz anbraten, die Zwiebelwürfel zufügen und hell anschwitzen. Alles mit der reduzierten Sauce ablöschen und mit Essig abschmecken. Die Bohnen zufügen und alles zusammen nochmals etwa 3 Minuten kochen lassen.

7 Zum Servieren die Stallhasenrückenfilets schräg in Scheiben schneiden, auf den sauren Bohnen anrichten und je 2 Hefeknöpfle daneben setzen.

Rostbraten vom Weiderind mit zweierlei Zwiebeln und Krautknöpfle

Für die Krautknöpfle:
5 Eier
Salz
400 g Mehl
3 EL Maiskeimöl zum Anbraten
200 g Sauerkraut
1 TL gehackte Petersilie

Für die Zwiebelmarmelade:
80 g Butter
300 g Zwiebeln, geschält und fein gewürfelt
300 ml Weißwein
1 Kräutersträußchen, bestehend aus 1 Lorbeerblatt, 2 Thymianzweigen und 1 Rosmarinzweig
Salz · frisch gemahlener Pfeffer
1 EL Senf

Für den Rostbraten:
4 Rinderrückensteaks (Roastbeef), je 180 g
Salz · frisch gemahlener Pfeffer
5 EL Maiskeimöl zum Braten
300 ml Kalbsfond
nach Belieben 1 TL Speisestärke

Für die Röstzwiebeln:
1 EL Mehl
1 Msp. Paprikapulver
3 kleine Zwiebeln, geschält und in dünne Ringe geschnitten
100 ml Maiskeimöl
Salz

1 Für die Knöpfle die Eier mit $1/2$ TL Salz in einer Schüssel aufschlagen und 10 Minuten ruhen lassen. Die Knöpfle erhalten dadurch eine schönere Farbe. Anschließend das Mehl untermischen und den Teig 5 Minuten schlagen, bis er Blasen wirft.

2 In einem ausreichend großen Topf Salzwasser zum Kochen bringen. Den Teig mit dem Knöpflehobel oder einer Spätzlepresse (siehe Tipp) in kochendes Wasser reiben oder pressen. Wenn die Knöpfle an die Wasseroberfläche steigen, noch einmal kurz aufkochen lassen. Anschließend mit der Schaumkelle aus dem Wasser nehmen und in einem Sieb abtropfen lassen.

3 In der Zwischenzeit für die Zwiebelmarmelade die Butter in einem Topf erhitzen, die Zwiebelwürfel darin glasig andünsten, mit dem Weißwein ablöschen und in 6 bis 7 Minuten weich garen. Das Kräutersträußchen dazugeben, 2 bis 3 Minuten mitdünsten und alles mit Salz und Pfeffer abschmecken. Dann die Kräuter wieder entfernen, den Senf einrühren, und die Zwiebelmarmelade damit binden.

4 Für den Rostbraten die Rinderrückensteaks klopfen und mit Salz und Pfeffer würzen. In einer Pfanne das Öl erhitzen und das Fleisch bei mittlerer Temperatur von jeder Seite 3 Minuten anbraten. Anschließend die Rostbratenscheiben auf ein Backblech legen und bei 100 °C im vorgeheizten Ofen in 5 bis 7 Minuten fertig garen.

5 Inzwischen das Bratöl aus der Pfanne gießen, den Bratsatz mit dem Kalbsfond lösen und 5 Minuten einkochen lassen. Dann mit Salz abschmecken und die Sauce nach Belieben mit kalt angerührter Speisestärke binden.

6 Für die Knöpfle das Öl in einer Pfanne erhitzen. Die Knöpfle darin anbraten, bis sie leicht Farbe angenommen haben. Das Sauerkraut untermischen und heiß werden lassen, zum Schluss die Petersilie unterrühren.

7 In der Zwischenzeit für die Röstzwiebeln das Mehl mit dem Paprikapulver vermischen und die Zwiebelringe darin wenden. In einer Pfanne das Öl erhitzen, die Zwiebelringe darin goldbraun und knusprig ausbacken. Auf Küchenpapier abtropfen lassen und die Röstzwiebeln leicht salzen.

8 Die Rostbraten auf vorgewärmten Tellern anrichten und die warme Zwiebelmarmelade darauf verteilen. Das Fleisch mit Röstzwiebeln bestreuen und mit den Krautknöpfle und der Sauce servieren.

Tipp: Knöpfle haben im Gegensatz zu Spätzle einen etwas festeren Teig. Wenn Sie weder einen Knöpflehobel noch eine Spätzlepresse haben, können Sie den Teig auch von einem angefeuchteten Holzbrett mit dem Messer direkt in das siedende Wasser schaben.

Die Röstzwiebeln können auch bei 160 °C in der Fritteuse zubereitet werden. Anschließend auf Küchenpapier etwas abtropfen lassen und salzen.

Ofenschlupfer mit Rhabarberkompott und Vanille-Halbgefrorenem

Für das Halbgefrorene:
4 Eigelbe (Größe M)
80 g Zucker
Mark von 2 Vanillestangen
$^1/_4$ l Sahne, geschlagen

Für die Ofenschlupfer:
300 g altbackene Brioche
oder Hefezopf
80 ml Sahne
3 Eier · 80 g Zucker
Mark von $^1/_2$ Vanillestange
1 cl Rum
30 g Mandelblättchen
30 g Rosinen
30 g gemahlene Haselnüsse
Butter und Brösel für die Förmchen

Für das Rhabarberkompott:
700 g Rhabarber, geputzt
150 g Gelierzucker
$^1/_4$ Vanillestange
50 g Erdbeermarmelade
1 kleines Stückchen frischer Ingwer, geschält

1 Eigelb, Zucker und Vanillemark in einer Edelstahlschüssel vermischen und auf einem 80 °C heißen Wasserbad bis zum doppelten Volumen aufschlagen. Die Schüssel vom Wasserbad nehmen und auf Eiswasser so lange rühren, bis die Masse etwa Kühlschranktemperatur hat. Anschließend die geschlagene Sahne unterheben. Die Creme in 4 Portionsförmchen füllen und etwa 8 Stunden tiefkühlen.

2 Für die Ofenschlupfer Brioche oder Hefezopf in Würfel von etwa 1 cm Kantenlänge schneiden und in eine Schüssel geben. Die Sahne mit Eiern, Zucker, Vanillemark und Rum aufschlagen. Mandeln, Rosinen und Haselnüsse zu den Brotwürfeln geben, mit der Ei-Zucker-Mischung übergießen und 20 Minuten ziehen lassen.

3 Für das Kompott den Rhabarber in etwa 1 cm lange Stücke schneiden und mit Gelierzucker, der Vanillestange und der Erdbeermarmelade zum Kochen bringen. Alles etwa 3 Minuten kochen, vom Herd nehmen und die Vanillestange entfernen. Das Kompott mit frisch geriebenem Ingwer abschmecken und kalt stellen.

4 Für die Ofenschlupfer 4 Portionsförmchen mit Butter fetten und mit Bröseln ausstreuen. Die Teigmasse einfüllen und bei 160 °C im vorgeheizten Ofen 20 bis 35 Minuten backen, bis sie gestockt ist.

5 Etwa 15 Minuten vor dem Servieren die Förmchen mit der gefrorenen Vanillecreme aus dem Gefrierschrank nehmen und diese im Kühlschrank antauen lassen. Anschließend die Förmchen aus dem Ofen nehmen, die Ofenschlupfer auf Teller stürzen und mit dem Rhabarber-Kompott und dem Vanille-Halbgefrorenen anrichten.

Tipp: Das Halbgefrorene kann auch schon am Vortag zubereitet werden.

Die Ofenschlupfermasse können Sie auch in einer großen gebutterten und mit Bröseln ausgestreuten Form backen.

Gebackene Grießknödel mit marinierten Beeren und geeistem Joghurt

Für die Griessknödel:
200 ml Milch
30 g Zucker
$^1/_2$ Vanillestange
50 g Butter
50 g Hartweizengrieß
1 kleines Ei
8 Nougatwürfel mit 1 cm Kantenlänge
reichlich Pflanzenfett zum Ausbacken

Für den geeisten Joghurt:
2 Blatt Gelatine
100 g Naturjoghurt
100 g Aprikosenmarmelade
100 ml Sahne, geschlagen
1–2 Spritzer Zitronensaft

Für die Beeren:
200 g frische gemischte Beeren
5 cl Orangenlikör, etwa Grand Marnier
1 EL frisch gepresster Orangensaft
$^1/_2$ TL Puderzucker

1 Die Milch mit dem Zucker, dem ausgekratzten Mark der Vanillestange und der Butter in einem Topf zusammen aufkochen. Den Grieß unter ständigem Rühren langsam in die kochende Flüssigkeit einrieseln lassen und anschließend so lange weiter rühren, bis sich die Masse vom Topfboden löst. Den Grießbrei etwas abkühlen lassen, dann das Ei rasch unterarbeiten und alles zu einer homogenen Masse verarbeiten. Anschließend den Teig für mindestens 6 Stunden im Kühlschrank ruhen lassen.

2 Inzwischen für den geeisten Joghurt die Gelatine in kaltem Wasser einweichen. Den Joghurt mit der Aprikosenmarmelade in einer Schüssel gut vermischen. In einem Topf etwas Joghurt erwärmen, die gut ausgedrückte Gelatine darin auflösen und rasch unter die Joghurtmasse heben. Geschlagene Sahne unterrühren und alles mit Zitronensaft abschmecken. Den Joghurt in eine entsprechend große Kastenform füllen und anschließend für etwa 5 Stunden ins Gefrierfach stellen.

3 Kurz vor dem Servieren die Beeren vorsichtig waschen, abtropfen lassen und in eine Schüssel geben. Den Likör mit Orangensaft und Puderzucker gut verrühren, die Beeren mit der Marinade übergießen und vorsichtig mischen.

4 Die Grießmasse in 8 gleiche Portionen teilen und jeweils zu kleinen Knödeln formen, dabei je einen Nougatwürfel in die Mitte stecken. Die Knödel im 170 °C heißen Fett in der Fritteuse ausbacken, herausnehmen und kurz auf Küchenpapier abtropfen lassen.

5 Inzwischen den Joghurt aus dem Gefrierfach nehmen, in Scheiben schneiden und mit den marinierten Beeren auf Tellern anrichten. Die heißen Grießknödel dazu legen und sofort servieren.

Tipp: Der geeiste Joghurt kann gut bereits am Vortag zubereitet werden.

Je nach Saison und Marktlage können die Beeren variieren oder auch nur eine einzige Sorte verwendet werden. Erdbeeren, Himbeeren, Johannisbeeren, Blaubeeren oder Brombeeren eignen sich dafür.

Wer keine Fritteuse hat oder Fett sparen möchte, kann die Knödel auch pochieren: Dazu reichlich Salzwasser zum Kochen bringen, die Knödel hineingeben und die Temperatur reduzieren. Wenn die Knödel an die Oberfläche steigen, noch 4 bis 6 Minuten kurz unterhalb des Siedepunktes ziehen lassen.

Fasnetsküchle mit geeister Weißweincreme und Apfelsorbet

„Mess und Mass“

In der Wallfahrtskirche Maria Hilf in Speiden-Eisenberg, in der Nähe von Hopfen, wird jeden Mittwoch eine besondere Führung angeboten: Zu besichtigen ist die Kirche, anschließend geht es in die hauseigene Bierbrauerei.

Im Anschluss daran kann man deftige Allgäuer Speisen und frisches Bier genießen.

Für das Apfelsorbet:
100 g Apfelpüree
50 g Puderzucker
40 g Glucose (im Fachhandel oder in einer Konditorei erhältlich)
2 cl Calvados
1–2 Spritzer Zitronensaft

Für die Fasnetsküchle:
25 g weiche Butter
80 ml lauwarme Milch
$^1/_4$ Hefewürfel
250 g Mehl
20 g Zucker
1 Prise Salz · 1 Ei

Für die Weincreme:
$^1/_2$ Blatt Gelatine
2 Eigelbe · 35 g Zucker
50 ml Weißwein · 50 ml Sekt
4 EL geschlagene Sahne (30 ml)

Außerdem:
etwas Öl zum Ausziehen
reichlich Pflanzenfett zum Frittieren
Zimtzucker zum Wälzen

1 Für das Sorbet das Apfelpüree mit Puderzucker und Glucose vermischen. Alles mit Calvados und dem Zitronensaft abschmecken und in der Eismaschine gefrieren lassen. Alternativ die Masse in eine Schüssel füllen und für etwa 6 Stunden ins Gefrierfach stellen, dabei ab und zu durchrühren.

2 Für die Fasnetsküchle die Butter in der lauwarmen Milch auflösen, die zerbröckelte Hefe zufügen und verrühren. Das Mehl in eine Schüssel geben und in die Mitte eine Vertiefung drücken. Die Hefemilch, Zucker und Salz zufügen. Etwas Mehl vom Rand darüber stäuben, die Schüssel mit einem Tuch abdecken und den Vorteig an einem warmen Ort etwa 30 Minuten gehen lassen. Anschließend das Ei zufügen und alles zu einem glatten Teig verkneten. Den Teig abgedeckt an einem warmen Ort 30 Minuten gehen lassen.

3 Den Teig nochmals kurz durchkneten und in 12 gleich große Stücke teilen. Jedes Teigstück zu einer Kugel formen, abdecken und erneut 10 Minuten gehen lassen.

4 Für die Weincreme die Gelatine in kaltem Wasser einweichen. Das Eigelb, Zucker, Weißwein und Sekt in einer Edelstahlschüssel verrühren und auf einem heißen Wasserbad zur Rose abziehen (siehe Tipp Seite 78). Die Gelatine gut ausdrücken und in der heißen Masse unter Rühren auflösen.

5 Die Schüssel vom Wasserbad nehmen und die Weißweincreme auf Eiswasser so lange kalt rühren, bis sie etwa Kühlschranktemperatur erreicht hat. Dann die geschlagene Sahne unterziehen und die Creme bis zum Servieren kalt stellen.

6 Inzwischen die Teigkugeln etwas flach drücken und mit leicht geölten Fingern von der Mitte her ausziehen. Es soll ein Fladen entstehen, der in der Mitte hauchdünn, am Rand dicker ist. Die Küchle im 160 °C heißen Fett in der Fritteuse von beiden Seiten goldgelb ausbacken. Mit einer Schaumkelle herausheben, auf Küchenpapier kurz abtropfen lassen und noch heiß in Zimtzucker wälzen.

7 Zum Servieren das Apfelsorbet auf vier Teller verteilen, die Fasnetsküchle dazulegen und mit der geeisten Weißweincreme umgießen.

FRANKEN

Blaue Zipfel, Gwerch und Spiegelkarpfen

Die Fränkische Küche ist ehrlich, unverfälscht und gern deftig. Die Jahreszeiten geben den Speiseplan vor, die regionalen Spezialitäten sind zahllos: das *Nürnberger Gwerch* oder die *Hofer Schnitz*, *Spiegelkarpfen*, *Kräuterklös'* oder der *Kärnerbraten* aus der Würzburger Gegend, um nur einige Beispiele zu nennen.

Die bekannteste Spezialität der Franken jedoch sind *Bratwürste*. Traditionell werden sie auf dem Rost gegrillt, aber auch in der Pfanne gebraten. Je nach Landstrich sehr unterschiedlich kann das Brenngut sein, mit dem die Glut unter dem Bratwurstgrill entfacht wird: In Coburg werden Kiefernzapfen verwendet, während in Nürnberg Buchenscheite glimmen. Es gibt auch nicht „die" fränkische Bratwurst – je nach Gegend enthalten die Würste sehr unterschiedliche Zutaten. Das Schweinebrät kann etwa mit Zitrone, Ingwer oder Knoblauch verfeinert sein. Nur eines ist allen gemeinsam: Fränkische Bratwürste sind stark mit Pfeffer und Majoran gewürzt.

Die Menge, die man verzehrt, hängt von der Gegend ab, in der man sie isst. In Sulzfeld am Main gibt es einen Meter Wurst, zu einer Schnecke gerollt, während in Nürnberg sechs oder gar mehr von den kleinen, daumengroßen Würsten nötig sind, um satt zu werden. Auch die Beigaben können sehr unterschiedlich ausfallen. Nürnberger Rostbratwürste beispielsweise werden entweder mit Kraut und Kren (Meerrettich) auf einem Zinnteller serviert, oder einfach mit Senf in ein aufgeschnittenes *Weckla* (Semmel) gelegt und aus der Hand gegessen. Eine besondere Variante sind *Saure Zipfel* oder *Blaue Zipfel*, kleine Bratwürste, die in einem Essigsud mit Zwiebeln, Lorbeer, Möhren, Petersilie und Pfeffer gegart werden.

Neben Bratwürsten gibt es natürlich eine Unzahl anderer regionaler Wurstspezialitäten. Die Winzer in Mainfranken servieren zum Wein eine *Häckerplatte* – verschiedene Wurstsorten und eine Art Presssack.

Das bekannteste Fleischgericht der Franken ist das *Schäufele*, die Schweineschulter. Es kann gekocht mit Sauerkraut oder als traditionelles *Krustenschäufele* mit Blaukraut serviert werden. Lämmer aus dem Naturpark Altmühltal sowie das Fleisch des Rhönschafes werden ebenfalls hoch geschätzt.

Aber nicht nur die „besten" Stücke vom Tier werden gekocht oder gebraten: Den Franken schmecken auch Innereien wie Nieren, Lunge, Hirn und Kalbsbries. Das stammt noch aus der Zeit, als Bauern und Winzer aufgrund der mageren fränkischen Böden arm waren und vom Schlachtvieh daher alles Essbare verwertet werden musste. *Ochsenmaulsalat*, der aus gepökelten und gekochten Stücken des Ochsenmauls besteht, ist ein gutes Beispiel dafür. Vermischt mit Wurst- und Presssackstücken und hart gekochten Eiern wird ein *Nürnberger Gwerch* daraus.

Die Franken mögen nicht nur Fleisch, sie essen auch gern Fisch – mit Vorliebe *Karpfen*. Gezüchtet werden sie zum Beispiel in der Aischgründer Teichlandschaft entlang der Aisch. Hier geben Wassermühlen und alte Steinbrücken, zahlreiche Bäche und kleine Flüsse dem „Land der 1000 Weiher" einen besonderen Reiz. In traditioneller Zubereitung wird der Karpfen längs geteilt und gebacken. Alternativ wird er auch „blau", im Essig- oder Biersud gegart, serviert. Als Delikatesse gelten die ausgebackenen Innereien des Karpfens, Milchner und Rogen sind in Franken als *Inkreisch* bekannt.

Karpfen werden vor der Verarbeitung stets frisch geschlachtet, das Zubereiten nimmt aber etwas Zeit in Anspruch. Wer es bequemer haben möchte, probiert echten Aischgründer Karpfen im Herbst in einem Wirtshaus mit eigenem Fischteich. Übrigens: Wenn der Fisch sich auf dem Teller biegt, ist das keine krumme Angelegenheit, sondern ein Qualitätsbeweis! Ein fangfrischer Fisch krümmt sich beim Backen oder Kochen.

Aber es gibt nicht nur Karpfen: *Forellen*, *Zander*, *Hechte* und *Waller* aus den fränkischen Flüssen werden ebenfalls gern aufgetischt.

Zu den deftigen Gerichten der Regionalküche passt am besten eines der zahllosen fränkischen Biere, zum Fisch auch ein trockener Frankenwein ganz hervorragend.

Oberfranken

Alljährlich um den 26. Juli, dem Namenstag der Heiligen Anna, wird in **Forchheim** das *Annafest* gefeiert. Im *Kellerwald* der oberfränkischen Stadt findet dieses Freiluftvergnügen seit 1840 statt. Drei Faktoren begünstigten das Entstehen des Festes: Der Schützenverein der Stadt verlegte damals seine Schießstätte in den Wald. Außerdem lagerten in den Kellergewölben, die hier seit dem Dreißigjährigen Krieg in den Sandstein gegraben waren, die Brauer der Stadt ihre Bierfässer. Und drittens spielte eine am Annatag stattfindende Prozession eine Rolle, bei der die Pilger sich auf dem Rückweg an dem Kellerbier labten.

Heute wird zu diesem Fest in zwei Dutzend Kellern ein würziges *Annafest-Starkbier* ausgeschenkt, das von den ortsansässigen Brauereien *Hebendanz*, *Greif*, *Eichhorn* und *Neder* extra zu diesem Anlass gebraut wird.

Wenn alle Tische aufgestellt sind, bietet der Kellerwald angeblich 30 000 Sitzplätze – und wäre damit der größte Biergarten in Bayern.

Walberla, so nennen die Einheimischen den nördlichen Gipfel der 532 Meter hohen *Ehrenbürg* über der fränkischen Gemeinde **Kirchehrenbach**. Die *Walberla-Kirchweih* ist eines der ältesten Frühlingsfeste in Franken. An jedem 1. Maisonntag stiegen die katholischen Gemeinden in Prozessionen hinauf zur *Walpurgiskapelle*. Der religiöse Charakter trat jedoch nach und nach in den Hintergrund, die Walberla-Kirchweih ist heute ein fröhliches Bergfest unter dem Maibaum – mit Bier, Bratwürsten, Musik und Lebkuchenherzen.

Als „heimliche Hauptstadt des Bieres“ gilt die alte Markgrafenstadt **Kulm-**

Nirgendwo hat die Brauwirtschaft eine so lange Tradition wie in Franken. Die Rohstoffe wachsen vor der Haustür: Franken ist eines der bedeutendsten Anbaugebiete für Braugerste. In zahlreichen oberfränkischen Mälzereien wird sie zu Braumalz veredelt. Gambrinus, der Schutzpatron der Brauer, blickt sicher mit besonderer Genugtuung auf Franken und hält seine Hand segnend über die „Bräu“ des Landes.

Bierwanderungen sind eine beliebte und naturnahe Möglichkeit, Land und Leute kennen zu lernen. Nachdem fast jede Gemeinde eine eigene Brauerei hat, kommt man im Schnitt alle sechs Kilometer an einer Braustätte vorbei. Im Sommer locken die „Keller“ zur Einkehr. Felsenkeller dienten früher als Lagerort, vor der Erfindung des Kühlschranks konnte man das Bier nur mittels im Winter gestochenen Eises darin frisch halten. Später wurden die Keller zu beliebten Ausflugsorten. Zum Essen werden in diesen Schankstätten meist nur Kleinigkeiten angeboten, weshalb sich Eingeweihte die Vesper zum „Seidla“ selbst mitbringen.

Eine Vielzahl kleiner Familienbetriebe braut, oft seit Jahrhunderten, ausschließlich für den Ausschank in der eigenen Gaststätte oder im hauseigenen Biergarten. Und jeder Sud schmeckt einzigartig, mit jeder Sorte wird ein eigenes Aroma gepflegt: Je nachdem, welche Hopfensorte, welches Malz und welches Quellwasser verwendet wird.

Etwa 1 000 verschiedene Biersorten werden in Oberfranken gebraut: vom Pils und den dunklen Bieren über Rauchbier bis zu den unfiltrierten und ungespundeten Bieren, von Zwickelbieren bis hin zu den Saison- und Festbieren, die zu besonderen Anlässen ausgeschenkt werden.

bach. Vier große und mehrere kleine Brauereien sind für dieses Image verantwortlich und nicht nur während der *Kulmbacher Bierwoche* dreht sich hier alles ums Bier. Im *Brauereimuseum* lassen sich theoretische Kenntnisse der Braukunst erwerben und vertiefen.

Ganz im Norden Oberfrankens, an der *Bier- und Burgenstraße*, liegt die sagenumwobene **Burg Lauenstein**. Bei Feinschmeckern bekannt ist der Ort allerdings eher für die *Pralinen-Spezialitäten* der gleichnamigen Confiserie. In der historischen *„Fischbachsmühle"* in Lauenstein werden allerlei süße Kunstwerke von Hand hergestellt. Bei einem Besuch der Manufaktur dürfen interessierte Besucher den Meister-Confiseuren gerne bei der Fertigung zuschauen.

Der malerische Park des Barockschlosses *Tambach* bei **Coburg** beherbergt den größten Wildpark Nordbayerns mit dem *Bayerischen Jagdfalkenhof* sowie einem Jagd- und Fischereimuseum. Die Besucher können sich frei in den großzügigen Gehegen bewegen und die Tiere beobachten. Die über 50 ha große Anlage wandelte sich im Laufe der Jahre vom einfachen Wildpark in eine Naturerlebniswelt.

Im Kiosk des Wildparks werden Wild- und Fischspezialitäten aus eigener Herstellung angeboten: Wildbret, bratenfertig zerwirkt, vom Wildschwein, Hirsch, Reh oder Wildrind, Wildwurst und Wildleberkäse sowie Forellen und Karpfen – frisch oder geräuchert.

Bamberg, das „fränkische Rom", steht wie Italiens Hauptstadt auf sieben Hügeln und lebt vom Gegensatz der romanisch-gotischen Kirchenmacht und der barocken Bürgerlichkeit. Der Name leitet sich vom Geschlecht der Babenberger ab, die im 8. Jahrhundert eine Burg auf dem Domberg besaßen. König Heinrich II. machte die Stadt anno 1007 zum Bistum, und Bischof Suitger wurde 1046 zum Papst – Clemens II. – gewählt. Seine Gruft im Kaiserdom der Stadt ist das einzige Papstgrab, das es in Deutschland gibt. Heute ist Bamberg ein attraktives Touristenziel.

Zehn Privatbrauereien versorgen die Bamberger Einwohner und ihre zahlreichen Gäste mit Bier. Hier trinkt man gern *Schlenkerla*, ein dunkles Rauchbier. Das Aroma erinnert an frisch Geräuchertes und wird erzielt, indem der Rauch brennender Buchenscheite über das Malz zieht. Farbe und Geschmack des Bieres kommen bekanntlich vom Malz, dessen Aufbereitung eine Kunst ist, auf die sich die Bamberger besonders gut verstehen. Die Bamberger Malzfabrik *Weyermann* produziert an die 80 verschiedene Malz-Typen in unterschiedlichen Farben und Geschmacksrichtungen.

Das malerische Viertel um die Sandstraße wird alljährlich im August, um Bartholomä, zum Schauplatz der *Sandkerwa* (Sandkirchweih), dem traditionellen Bamberger Volksfest, das 1531 erstmals mal erwähnt wurde. Das *Fischerstechen* auf der Regnitz ist dabei neben zahlreichen weiteren Veranstaltungen ein Riesenspaß für Jung und Alt. Zum Fest werden Biere aus Bamberg und dem Umland ausgeschenkt, dazu gibt es *Wöscht*, im typischen *Weckla,* oder *Kärwaküchla* (Kirchweihküchlein), die in der Bamberger Gegend auch *Krapfen* heißen.

Mittelfranken

Die Region rund um **Nürnberg**, **Fürth**, **Erlangen** und **Schwabach** ist mit rund einer Million Menschen das größte wirtschaftliche und kulturelle Zentrum in Nordbayern.

Die einstige Reichsstadt Nürnberg hat außer *Christkindlesmarkt*, Lebkuchen und Bratwürsten noch sehr viel anderes zu bieten. Die lebendige Groß-

stadt erkundet man am besten von der Burg aus. Auf dem strategisch günstig gelegenen Sandsteinfelsen über der alten Pegnitzfurt begann die Geschichte der Stadt. 1050 wurde sie erstmals urkundlich erwähnt. *Norenberc* wurde als Ausstellungsort der Urkunde von Kaiser Heinrich III. genannt, in der die Leibeigenschaft einer gewissen Sigena aufgehoben wurde, damit sie einen Adligen heiraten konnte. Am Beginn der Stadtgeschichte stand also eine Liebesaffäre.

Der Nürnberger *Reichswald* ist eines der größten zusammenhängenden Forstgebiete Bayerns, das sich wie ein grüner Gürtel östlich von Nürnberg, von Erlangen im Norden bis Schwarzach im Süden, hinzieht. Hier wird am letzten Wochenende im Juni das *Reichswaldfest am Schmausenbuck* gefeiert. Unter alten Eichen gibt es Bio-Bratwürste und Ökowein für die Naturfreunde der Region.

Im Gebiet um Nürnberg-Fürth-Erlangen liegt ein fruchtbares Gemüseanbaugebiet, das so genannte *Knoblauchland*. Auf den nährstoffreichen Böden werden neben Meerrettich eine große Vielfalt an Gemüse- und Salatsorten – und natürlich Knoblauch – angebaut. Der Zwiebelanbau (Knoblauch zählt dazu!) hat der Gegend zu ihrem Namen verholfen – *„dass viel Zwieffel und Rubsamen gebauet und von hinnen in fremde Land verführt ... und damit große Hantierung getrieben wird"* – schrieb ein Nürnberger Stadtschreiber um das Jahr 1600.

Baiersdorf bei Erlangen – „schärfster" Ort Frankens – ist seit dem 15. Jahrhundert Zentrum des Meerrettichanbaus. Als Gewürze noch schwer erhältlich und entsprechend kostbar waren, waren Meerrettich und Senf die einzigen Scharfmacher der Küche. Weltweit einzigartig ist das Meerrettich-Museum. Hier erfährt man alles über Meerrettich, seine Verarbeitung und Verwendungsmöglichkeiten.

Wohl in der ganzen Welt bekannt sind Nürnberger Lebkuchen. Bereits 1395 ist in Nürnberg ein „Lebküchner" urkundlich nachgewiesen.

Eine Spezialität wie Elisen-Lebkuchen konnte nur in einer reichen Handelsstadt ersonnen werden. Im frühen Mittelalter standen Gewürze auf der Liste kostbarer Handelsgüter gleich nach Gold und Seide. Pfeffer wurde lange Zeit sogar mit Gold aufgewogen. Exotische Gewürze galten als purer Luxus. Sie zierten als Prestigeobjekte nur die Tafeln des Hochadels. Kein Wunder, dass Nürnberger Lebkuchen einst als diplomatische Geschenke hoch im Kurs standen.

Erst ab dem 15. Jahrhundert war es auch in den Küchen des wohlhabenden fränkischen Bürgertums üblich, Gewürze aus dem Orient zu verwenden. Bald darauf wurden Nürnberger Lebkuchen in ganz Europa zu einer begehrten Spezialität. Als Zutaten werden Haselnüsse, Walnüsse, Mandeln, Orangeat und Zitronat, viel Honig, Mehl, Zucker, Eier und Marzipan verwendet. Gewürze wie Kardamom, Piment, Anis, Koriander, Zimt, Ingwer und Nelken runden den Geschmack ab. Aber wie überall gibt es auch bei Lebkuchen zahlreiche unterschiedliche Sorten. Die bekanntesten sind Braune und Weiße Lebkuchen, Kaiserlein, Feine Oblaten- und die edlen Elisen-Lebkuchen.

Hilpoltstein, die Burgstadt am Rothsee, bietet am ersten Wochenende im August ein mittelalterliches Bild. Dann feiert die Stadt die 30-jährige segensreiche Herrschaft der Pfalzgräfin Dorothea Maria Anfang des 17. Jahrhunderts mit dem *Burgfest*. Viele Bürger in historischen Kostümen nehmen am Festspiel und dem anschließenden Festzug teil –

und natürlich gibt es viele Möglichkeiten, bei Bier und Schmankerln zu feiern.

Die Hauptstadt Mittelfrankens ist die markgräfliche Residenzstadt **Ansbach**, das Stadtbild wird von zahlreichen Barockbauten geprägt. Das *Markgrafenschloss* mit seiner Rokokopracht zeugt von der fast 500 Jahre dauernden Herrschaft der Hohenzollern über die Stadt. Ende Juni/Anfang Juli lebt diese Kultur alljährlich während der *Rokoko-Festspiele* vor der Kulisse der *Orangerie* im *Hofgarten* wieder auf. Galanterie und ein Hauch von Puder verleihen dem Geschehen seinen einmaligen Charakter.

Besonders sehenswerte spätmittelalterlichen Städte liegen an dem Teil der *Romantischen Straße*, der im Westen von Mittelfranken verläuft. **Rothenburg**, das „fränkische Disneyland", dessen historische Altstadt im 2. Weltkrieg stark beschädigt, aber wieder aufgebaut wurde, ist Ziel sämtlicher Pauschaltouristen aus Übersee und Fernost. Mit den *Kreuzgangspielen* hat sich **Feuchtwangen** einen überregionalen Ruf erworben. Viele renommierte Schauspieler sind hier aufgetreten. **Dinkelsbühl** an der Wörnitz ist mit seinem einheitlichen historischen Stadtbild ein besonderes Kleinod. Mitte Juli wird hier das wohl schönste fränkische Festspiel, die *Kinderzeche von Dinkelsbühl*, aufgeführt. Damit wird daran erinnert, dass Mädchen und Buben im Dreißigjährigen Krieg die kleine Stadt vor der Plünderung durch die Schweden bewahrt haben.

„Sende mir noch einige Würzburger, kein anderer Wein will mir schmecken, und ich bin verdrießlich, wenn mir mein gewohnter Lieblingstrank abgeht", schrieb Goethe an seine Christiane ... Die Wurzeln des fränkischen Weinanbaus reichen weit zurück: Mit der Christianisierung durch den irischen Missionsbischof Kilian und seine Mitbrüder begann er an den Hängen der Saale und des Mains. Weinanbau ist für Hammelburg bereits 777, für Würzburg anno 779 urkundlich belegt. Der heilige Kilian gilt heute als Schutzpatron der Franken und ist zugleich Schutzheiliger der Winzer.

Im Maintal – von Bamberg bis Aschaffenburg – sowie in den Tälern der Nebenflüsse Wern, Saale, Tauber und in der Gegend um Bad Windsheim sind insgesamt etwa 6 000 Hektar Rebfläche bestockt. An den steilen Hängen ist der Einsatz von Maschinen äußerst schwierig und deshalb wird handverlesen. Das hat Vorteile: Es sichert Qualität, und bereits am Weinstock wird gründlich selektiert. Zunehmend wird der Weinanbau in Franken unter ökologischen Gesichtspunkten betrieben.

Mitte des 17. Jahrhunderts wurde die Silvanerrebe in Franken eingeführt. Als ehemalige Hauptrebe ist sie jedoch inzwischen vom Müller-Thurgau abgelöst. Weitere, eher seltene Sorten sind Bacchus, Riesling und Kerner sowie Scheurebe, eine Kreuzung aus Silvaner und Riesling. Zunehmend werden auch Rotweine wie Früh- und Spätburgunder sowie Portugieser angebaut. Einige fränkische Winzer produzieren sehr erfolgreich Chardonnay und roten Cabernet Sauvignon.

Daneben gibt es Spezialitäten wie den Franken-Sekt, der seinem französischen Kollegen in nichts nachsteht, sowie Eiswein. Er wird aus Trauben gewonnen, die erst geerntet werden, wenn sie Frost von mindestens minus 6 Grad Celsius abbekommen haben.

Der Großteil der Winzer – in Franken heißen sie „Häcker"– besitzt weniger als einen Hektar Rebfläche. Traditionell schenken diese kleinen Winzer ihren Wein in Heckenwirtschaften aus. Entsprechend der jeweiligen Jahreszeit gibt es dazu Wild-, Fisch- und Geflügelspezialitäten, fränkischen Spargel im Frühsommer und zum „Bremser" im Herbst deftigen Zwiebelkuchen.

Der so genannte Bocksbeutel gilt seit Jahrhunderten als Erkennungszeichen fränkischen Weins. Nur noch in Baden und Portugal sind diese Flaschen zugelassen. In letzter Zeit trennen sich jedoch mehr und mehr fränkische Betriebe von dieser Flaschenform – denn sie passt leider weder in normierte Versandkartons noch ins Weinregal.

Unterfranken

Im **Steigerwald**, einer waldreichen Idylle, finden sich kleine Märkte und Weiler, die heute noch von Wehrtürmen, Mauern und Burggräben umgeben sind. Brückenheilige, Holzfachwerk und verschwiegene Klöster verstecken sich in den fast unberührten Laubwäldern. Hier treffen die drei fränkischen Regierungsbezirke Ober-, Mittel- und Unterfranken aufeinander. Den Schnittpunkt markiert der *Dreifrankenstein* nahe **Schlüsselfeld**, ein Findling, in dem die drei Bezirkswappen eingemeißelt sind.

Keltische Fischer siedelten sich etwa 1000 v. Chr. am Main unterhalb der jetzigen *Festung Marienberg* an. Sie waren vermutlich die Begründer der Stadt **Würzburg**. Nach der Christianisierung im 7. Jahrhundert entwickelte sich die Stadt zu einem wichtigen Zentrum und 1156 feierte Friedrich Barbarossa hier seine Hochzeit mit Beatrix von Burgund. 1168 wurde den Bischöfen von Würzburg die Herzogwürde verliehen. Lange Zeit

tobte ein erbitterter Streit zwischen der Bürgerschaft und den Bischöfen um die Vorherrschaft, bei der die Bürger am Ende unterlagen. Nach dem Dreißigjährigen Krieg verwandelten Fürstbischöfe aus dem Hause Schönborn die Residenzstadt in einen einzigen barocken Festsaal. *„Die ganze Stadt wimmelt von Heiligen, Aposteln und Engeln … man wandelt durch den Himmel der Christen“*, spöttelte Heinrich von Kleist.

Würzburg ist die Stadt von Matthias Grünewald, Walther von der Vogelweide, Tilman Riemenschneider und Balthasar Neumann. Sehenswert sind unter anderem die *Residenz*, die *Festung Marienberg* und die alte *Mainbrücke*, die zu den schönsten Steinbrücken Deutschlands zählt, und im Mittelalter ein bedeutender Verkehrsknotenpunkt zwischen Nord- und Süddeutschland war.

Ein Kuriosum der Geschichte ist, dass Würzburg einige Zeit zur Toskana gehörte – und das kam so: Napoleon machte nach der Auflösung des Fürstbistums Würzburg den Habsburger Ferdinand III. zum Großherzog von Würzburg. Ferdinand war Kurfürst von Salzburg und gleichzeitig Großherzog der Toskana … Erst 1814 wurde die Stadt dem Königreich Bayern angegliedert.

Ein bisschen italienisches Lebensgefühl meint man heute noch zu spüren. Mitten in der Stadt beginnt alljährlich am letzten Freitag im Mai das *Würzburger Weindorf*. Dann feiert die mainfränkische Metropole zehn Tage lang ausgiebig und ausgelassen ihre mehr als 1200-jährige Weinbau-Tradition.

Das wohl älteste deutsche Kochbuch wurde übrigens in Würzburg verfasst: Um 1350 notierte der fürstbischöfliche Protonotar der Stadt, Michael de Leone, unter dem Titel *„Daz buoch von guoter spîse“* 96 Rezepte.

Wer Mainfranken näher kennen lernen möchte, sollte der *Bocksbeutelstraße* folgen. Es gibt fünf unterschiedliche Routen, die alle von Würzburg ausgehen: in südlicher Richtung bis **Aub** und **Tauberbischofsheim**, im Norden nach **Karlstadt** und **Hammelburg**, nach Westen bis **Michelbach** und zur Mainschleife nach **Volkach**.

All diesen romantischen Städtchen und Winzerorten ist gemeinsam, dass sie eine mehr oder minder gut erhaltene Stadtmauer mit wehrhaften Türmen, kopfsteingepflasterte Gassen, alte Fachwerkhäuser, herrliche Kirchen, gastliche Wirtshäuser und – nicht zu vergessen – große Weinfeste haben.

In **Iphofen** wird seit einigen Jahren bereits die *Iphöfer Weinfreundschaft* veranstaltet. Gemeinsam mit den Gastronomiebetrieben präsentieren die Weingüter die gesamte Genusspalette rund um das Thema Wein – *„Wein, Käse und Marzipan“*, *„Köstlichkeiten aus fränkischen Gewässern“*, *„Wein und Schokolade“*, *„Die Bibel und der Wein“*.

Aus Iphofen kam übrigens der Wein, den die englische Königin Elisabeth II. zum Anlass ihrer Krönung auswählte: eine 1950er Iphöfer Julius-Echter-Berg Riesling Auslese.

Klingenberg am Untermain besucht man nicht wegen seiner Sehenswürdigkeiten, sondern wegen des Rotweins. Die Wurzeln der Stadt reichen zurück bis ins 12. Jahrhundert, als sich der Mundschenk von Friedrich Barbarossa die *Clingenburg* errichten ließ. Schon Friedrich Rückert dichtete: *„Und nicht vergessen sei vom Main, der Klingenberger Rote, dran könnte man – o süße Pein – sich trinken gar zu Tode.“*

Besonders der Spätburgunder vom *Klingenberger Schlossberg* genießt unter Rotweinfreunden einen ausgezeichneten Ruf. Jedes Jahr im August findet natürlich auch hier ein großes Weinfest statt.

Nordwestlich von Würzburg, in der Gemeinde **Roden**, liegt die *Delikatessen Manufaktur* von Petra Bergler-Fischer. Die Agraringenieurin fertigt ausgefallene essbare Produkte aus Rosenblüten. Über 1800 Rosenstöcke von Damascener-Rosen liefern das duftende Rohmaterial für ihre Gelees, Chutneys, Würzmischungen, Trüffel, Nudeln, Essig, Liköre und Brände. Kandierte Rosenblätter und Rosenwein genossen zwar bereits die Perser und Römer. Neben solchen klassischen Rosenspezialitäten findet man in der Manufaktur viele phantasievolle eigene Kreationen. In Zusammenarbeit mit dem *Bio-Ziegenhof Theo Mandel* in **Herpersdorf** entstand sogar ein Rosenkäse. Das intensive Aroma der Produkte stammt ausschließlich von Rosenblättern. Chemie wird nicht eingesetzt.

An den Ausläufern der Bayerischen Rhön, in **Hammelburg**, dem ältesten Weinort Frankens, gedeiht unterhalb des Kreuzbergs ein fruchtig-trockener Weißwein. Einen Besuch lohnt die Stadt aber auch wegen ihrer Sehenswürdigkeiten.

Der **Kreuzberg** gilt als heiliger Berg der Franken. Jährlich finden *Bergwallfahrten* zur Kreuzkirche des Franziskanerklosters statt. Der spätere Kardinal Faulhaber schrieb 1901 ins Gästebuch: *„Den Kreuzberg herauf kam ein endloser Zug, die einen zur Kirche, die anderen zum Krug."* Einst gaben die Mönche ihr Bier kostenlos an die Pilger ab. Auch wenn das heute nicht mehr so ist: Das *Kreuzberger Dunkel* und der *Klosterkäse* bleiben beliebt und sind den Aufstieg allemal wert.

Die Bayerische Rhön reicht von **Fladungen** im Norden und **Bad Neustadt** im Osten bis **Bad Brückenau** im Westen und Hammelburg im Süden. In Zentrum liegt die Kurstadt **Bad Kissingen**. Ausgedehnte Buchenwälder, markante Basaltkuppen, einsame Hochmoore, weite Täler, Wiesen und Weiden tragen zur landschaftlichen Schönheit der Region bei. Die Menschen, die in dieser Abgeschiedenheit leben, werden gelobt für ihre herzliche Gastfreundschaft. Ihre Küche ist deftig und schmackhaft und man legt Wert auf eine gute Brotzeit mit krustigem Bauernbrot, Rauchschinken sowie Leberwurst und Zwiebeln. Dazu wird gern ein frisch gezapftes Bier, aber auch ein Glas Wein getrunken.

Eine regionale Spezialität ganz anderer Art ist das *Rhönschaf*. Die Rasse ist erkennbar am schwarzen, bis hinter die Ohren unbewollten Kopf. Es handelt sich um eine der ältesten deutschen Nutztierrassen. Seit den 80er-Jahren des letzten Jahrhunderts feiert das Rhönschaf ein Comeback in seiner Heimat. Es liefert zwar 30 Prozent weniger Fleisch als andere Rassen, ist diesen aber, was den Geschmack angeht, weit überlegen. Die Franzosen nennen das Rhönschaf übrigens sehr treffend *„mouton de la reine"*, königliches Schaf.

Das Fleisch des Rhönschafs ist feinfaserig und würzig. Es kann sogar kalt serviert werden: Rhönschaf „hammelt" nicht. Außerdem ist es purinarm und deshalb sogar für Gichtkranke bekömmlich. Neben den klassischen Bratengerichten bekommt man in den Gasthäusern der Rhön rustikale, andernorts eher seltene Gerichte, wie etwa Lammleber mit Speck und Äpfeln, süßsauren Lammtiegel, Lammschinken und Schaffleischsalat.

In der traditionellen Rhön-Küche ist Schaffleisch allgegenwärtig: Der Talg wird ausgelassen und wie Margarine oder Öl zum Braten und Backen verwendet – auch in der süßen Küche! Gebäck bekommt dadurch eine besondere Note. Das macht auch den *Rhönstollen* so einzigartig, den man hier zur Weihnachtszeit bekommt.

zur Schwane

Klaus Dill: Regionale Küche braucht regionale Zutaten

Mit dem Superlativ „ältestes Wirtshaus von ...“ schmücken sich Restaurants besonders gerne, weil er Kontinuität, Ursprünglichkeit und Vertrauen suggeriert. Wo dies auch wirklich zutrifft und zudem noch mit hoher Qualität und Innovation einhergeht, möchte der Gast am liebsten verweilen und die Zeit anhalten.

Ein solcher Ort ist das Restaurant und Romantikhotel „Zur Schwane" im unterfränkischen Städtchen Volkach an der Mainschleife. Bereits im Jahre 1404 hat dieses „älteste Wirtshaus“ Frankens die ersten Gäste bewirtet und wohl auch mit Wein aus dem eigenen Weingut versorgt. Seit über 70 Jahren ist das Haus im Besitz der Familie Pfaff, die es zu einem gastronomischen und önologischen Kleinod entwickelt hat.

Dazu trägt ganz wesentlich der junge Küchenchef Klaus Dill bei, der nach Stationen unter anderem im Bayerischen Hof in München oder im Zehntkeller in Iphofen, vor mehr als 10 Jahren nach Volkach kam und nach einigen Jahren Küchenchef der „Schwane“ wurde.

„Ich pflege mit meiner Küche die fränkische Tradition“, betont Dill und vergisst nicht gleich noch nachzuschieben, dass er das traditionell schwere fränkische Essen „leichter, origineller und moderner aufbereitet – auch die Klassiker.“

Da wird dann beispielsweise eine Maultasche mit Spargel gefüllt und mit marinierten Himbeeren angerichtet. Dill ist „leidenschaftlicher Koch“ wie er selbst sagt, er experimentiert gerne, sucht immer wieder nach neuen Ideen – auch in seiner Freizeit.

Und er hat das Prinzip „regionale Küche braucht regionale Zutaten“ zu seinem Leitsatz gemacht, der sich am Standort Volkach besonders gut durchhalten lässt. Fische wie Zander oder Waller stammen natürlich aus dem Main, Bachsaiblinge von einem Fischzüchter aus dem Spessart, das Gemüse kommt aus dem Raum Kitzingen oder aus dem „Knoblauchland“ bei Nürnberg, das Wild aus dem benachbarten Steigerwald, die Pilze von der nahen Rhön.

Dill kennt seine überwiegend langjährigen Lieferanten und die Gegebenheiten vor Ort. „Das schauen wir uns auch an, denn bei der Qualität gehen wir auf Nummer sicher!“

Und das zahlt sich aus. Die Wertschätzung und das Vertrauen der Gäste in die regionale Küche hat bei uns ganz enorm zugenommen“, hat Klaus Dill beobachtet, „genauso wie die für saisonale Küche“.

An dieser Stelle muss der Spargel einfach erwähnt werden, denn mit diesem Gemüse versteht sich Dill auf die Zubereitung so vorzüglicher Gerichte, dass er im „Gault Millau“ in den Top-Ten der deutschen Spargel-Restaurants aufscheint.

Dazu wird in der „Schwane“ selbstredend bevorzugt Wein aus dem eigenen Weingut gereicht: die Silvaner- und Riesling-Weine, aber auch der Spätburgunder der Önologin Eva Pfaff-Düker finden seit Jahren eine große Anhängerschaft. So wie die Küche von Klaus Dill.

Aufgeschmälzte fränkische Kartoffelsuppe mit Zwetschgenplootz

Für den Zwetschgenplootz:
250 g Mehl
1/8 l lauwarme Milch
1 Prise Zucker · 20 g Hefe
50 g Schmalz
2 Eigelbe · 1 Prise Salz
1 kg reife Zwetschgen

Für die Rieberli (Streusel):
50 g Butter · 25 g Zucker
50 g Mehl · 1 Prise gemahlener Zimt

Für die Kartoffelsuppe:
1 EL Schmalz
50 g Speck, in Streifen geschnitten
1 große Zwiebel, geschält und grob gewürfelt
1 Möhre, geschält und gewürfelt
1 kleines Stück Knollensellerie, geschält und gewürfelt
1 Stück Lauchstange (5 cm aus dem weißen Teil), geputzt, klein geschnitten
800 g mehlig kochende Kartoffeln, geschält und gewürfelt
1 1/2 l Fleischbrühe
100 ml Milch · 100 ml Sahne
Salz · frisch gemahlener Pfeffer
frisch geriebene Muskatnuss

Zum Aufschmälzen
1 große Zwiebel, geschält und sehr fein gewürfelt
1 EL Schmalz
etwas frischer Majoran

Außerdem:
Butter für das Backblech
Zimtzucker zum Bestreuen

1 Das Mehl in eine Schüssel geben und in die Mitte eine Mulde drücken. Die lauwarme Milch in die Mulde gießen, den Zucker und die zerkrümelte Hefe darin auflösen und mit etwas Mehl vom Rand verrühren. Den Vorteig an einem warmen Ort 15 Minuten zugedeckt gehen lassen. Anschließend Schmalz, Eigelb und Salz zugeben und alles zu einem glatten Teig verkneten.

2 Den Teig etwa 1 cm dick ausrollen, auf ein gefettetes Blech geben und abgedeckt nochmals 15 bis 20 Minuten gehen lassen.

3 Für die Rieberli die Butter in kleine Würfel schneiden und in einer Schüssel kurz stehen lassen, damit sie weich wird. Zucker und Mehl zugeben, Zimt darüberstreuen und alles vermengen. Den Teig vorsichtig durch die Finger „reiben", damit kleine Streusel entstehen.

4 Die Zwetschgen waschen und halbieren, den Stein entfernen. Die Zwetschgenhälften oben und unten leicht einschneiden, damit sie ganz aufgeklappt werden können. Die Früchte mit der Hautseite nach unten dicht an dicht auf den vorbereiteten Teig legen, mit den Rieberli bestreuen und alles einige Minuten ruhen lassen. Den Zwetschgenplootz bei 200 °C im vorgeheizten Ofen etwa 30 Minuten backen. Aus dem Ofen nehmen und mit Zimtzucker bestreuen.

5 Für die Suppe in einem Topf das Schmalz erhitzen, den Speck darin ausbraten, die grob gewürfelte Zwiebel zugeben und glasig andünsten. Gemüse und Kartoffeln zufügen und kurz mit anschwitzen. Dann mit der Fleischbrühe aufgießen und die Suppe kurz aufkochen lassen. Die Temperatur reduzieren, Gemüse und Kartoffeln in 20 bis 30 Minuten gar ziehen lassen. Anschließend alles durch ein grobes Sieb schütten, die Brühe dabei in einem Topf auffangen.

6 Den Inhalt des Siebes (Gemüse und Kartoffeln) durch die Kartoffelpresse drücken oder durch den Fleischwolf drehen und mit einem Schneebesen wieder in die Brühe einrühren. Milch und Sahne zufügen, die Suppe aufkochen und 5 Minuten köcheln lassen, dann mit Salz, Pfeffer und Muskat abschmecken.

7 Die Zwiebelwürfel zum Aufschmälzen in einer Pfanne in dem Schmalz goldgelb rösten, frisch über angerichtete Suppe geben und diese mit frischem Majoran abrunden.

8 Die Suppe heiß auftischen und den Zwetschgenplootz dazu genießen.

Schaumsuppe vom Meerrettich mit gebackener Ochsenschwanz-Praline

Für die Ochsenschwanz-Praline:
2 Ochsenschwanzstücke, je etwa 200 g
Salz · frisch gemahlener Pfeffer
1 EL Öl zum Anbraten
1/2 kleine Möhre, geschält und gewürfelt
1 dünne Scheibe Sellerie, geschält und gewürfelt
1 kleine Zwiebel, geschält und gewürfelt
1/2 EL Tomatenmark
50 ml Sherry oder Portwein
1 l klare Fleischbrühe
100 g Kalbsbrät (beim Metzger vorbestellen)
1 EL gehackte Petersilie

Für die Suppe:
40 g Butter
1/2 kleine Zwiebel, geschält und fein gewürfelt
50 g Meerrettichwurzel, frisch gerieben (siehe Tipp)
1 TL Zitronensaft
50 ml Apfelsaft
1/4 l klare Fleischbrühe
1/4 l Sahne · 1/2 l Milch
Salz · frisch gemahlener Pfeffer
frisch geriebene Muskatnuss
1 kleines Lorbeerblatt
2 Wacholderbeeren · 1 Gewürznelke

Ausserdem:
Mehl · 1 Ei
Semmelbrösel zum Panieren
Pflanzenfett zum Ausbacken
Petersilie zum Garnieren

1 Das Fleisch kalt abspülen, trockentupfen und mit Salz und Pfeffer würzen. In einer Pfanne das Öl erhitzen und die Ochsenschwanzstücke darin von allen Seiten scharf anbraten. Das Fleisch in einen Topf umfüllen.

2 Das vorbereitete Gemüse in der Pfanne im verbliebenen Öl ebenfalls anbraten. Das Tomatenmark kurz mit anrösten, dann mit Sherry oder Portwein ablöschen. Gemüse zum Fleisch in den Topf geben und alles mit der Brühe auffüllen. Einen Deckel auflegen und den Ochsenschwanz bei geringer Temperatur etwa 1 1/2 Stunden köcheln lassen, bis sich das Fleisch leicht vom Knochen löst.

3 Die Ochsenschwanzstücke aus dem Topf nehmen, etwas abkühlen lassen und das Fleisch von Knochen und Knorpeln ablösen. Wenn es ganz ausgekühlt ist, das Fleisch fein würfeln.

4 Das Brät mit dem Ochsenschwanzfleisch und der gehackten Petersilie vermischen. Aus der Masse eine etwa 3 cm dicke Rolle formen und erst in Klarsichtfolie, dann in Alufolie fest einwickeln. Die Rolle 10 Minuten in 70 bis 75 °C heißem Wasser pochieren, herausnehmen und auskühlen lassen.

5 In der Zwischenzeit die Suppe zubereiten: Dafür die Butter in einem Topf zerlassen und die Zwiebelwürfel darin glasig anschwitzen. Den Meerrettich zufügen und unter Rühren kurz mit anschwitzen – aufpassen, dass er nicht am Topfboden anhängt! Den Zitronensaft zufügen und alles mit Apfelsaft, Fleischbrühe, Sahne und Milch aufgießen. Gut umrühren und die Suppe mit Salz, Pfeffer und Muskat abschmecken. Die Suppe gut durchköcheln lassen, damit der Meerrettich sich entfalten kann.

6 Die Suppe mit einem Pürierstab kräftig durchmixen. Die Gewürze zugeben und alles erneut 5 Minuten ziehen lassen. Anschließend die Suppe durch ein Sieb passieren, die Gewürze dabei nicht zerdrücken. Nach Geschmack noch etwas geriebenen Meerrettich unterrühren.

7 Die Ochsenschwanzrolle in etwa 5 cm breite Stücke schneiden und diese jeweils in Mehl, Ei und Semmelbröseln wenden. In einer Pfanne das Fett erhitzen und die Ochsenschwanz-Pralinen darin goldbraun ausbacken.

8 Zum Servieren die gebackenen Ochsenschwanz-Pralinen als Einlage in Suppenteller verteilen. Die Meerrettichsuppe mit dem Pürierstab nochmals kurz aufschäumen, in die Teller schöpfen und die Suppe mit Petersilie garnieren.

Tipp: Je nach Jahreszeit können Sie frisch geriebenen oder Meerrettich aus dem Glas verwenden.

Die Suppeneinlage ist zwar etwas aufwändig, aber sehr empfehlenswert. Sie kann gut schon am Vortag zubereitet werden.

Spargel-Charlotte mit marinierten Himbeeren und Bärlauchterrine

Für die Charlotte:
500 g mittelstarker weißer Spargel, geschält
250 g grüner Spargel, das untere Drittel geschält
Salz · 3 TL Butter
1 Schalotte, geschält und fein gewürfelt
100 ml Milch
frisch geriebene Muskatnuss
6 Blatt Gelatine, kalt eingeweicht
200 ml Sahne, geschlagen

Für den Spargelsud:
30 g Butter · Saft von $^1/_2$ Zitrone
100 ml Weißwein
je 1 $^1/_2$ TL Salz und Zucker

Für die Terrine:
20 g frischer Bärlauch · Salz
70 g Schmand
1 EL Pinienkerne, ohne Fett geröstet
50 g Joghurt
50 g Quark
frisch gemahlener Pfeffer
etwas abgeriebene Schale von 1 unbehandelten Zitrone
3 Blatt Gelatine, kalt eingeweicht
$^1/_8$ l Sahne, geschlagen

Für die Himbeeren:
250 g frische Himbeeren
$^1/_2$ EL Himbeeressig
1 TL Puderzucker
5 rosa Beeren
30 ml Rotling oder Roséwein
etwas frischer Kerbel

1 Für die Charlotte von beiden Spargelsorten 5 cm lange Spitzen abschneiden. Den übrigen weißen Spargel in Stücke schneiden, den restlichen grünen Spargel anderweitig verwenden.
2 Für den Spargelsud 100 ml Wasser mit den angegebenen Zutaten aufkochen, die weißen Spargelspitzen etwa 5 Minuten darin köcheln lassen, dann herausnehmen und abkühlen lassen. Vom Sud 100 ml abmessen und beiseite stellen.
3 Die grünen Spargelspitzen in Salzwasser mit 1 TL Butter 3 Minuten blanchieren, anschließend kalt abschrecken. Die weißen und grünen Spargelspitzen auf ein Tuch legen und kalt stellen.
4 Aus den weißen Spargelstücken eine Mousse herstellen. Dafür die restliche Butter in einem Topf zerlassen, die Schalottenwürfel darin glasig dünsten, die Spargelstücke zugeben und kurz mitdünsten. Mit dem abgemessenen Spargelsud und der Milch aufgießen und den Spargel darin weich kochen. Alles mit etwas Salz und Muskat abschmecken, im Mixer pürieren und durch ein Sieb passieren. Anschließend die gut ausgedrückte Gelatine darin auflösen. Die Masse erkalten lassen und vor dem Stocken die geschlagene Sahne vorsichtig unterheben.
5 Eine hohe Form von etwa 10 x 10 cm Größe mit Klarsichtfolie auslegen, die Spargelmousse einfüllen und für 2 Stunden in den Kühlschrank stellen.
6 Inzwischen für die Terrine den Bärlauch waschen und gut abtropfen lassen. Einige Blätter in kochendem Salzwasser blanchieren und beiseite legen. In einem kleinen Topf den Schmand auf etwa 30 °C erwärmen, damit er im nächsten Schritt nicht gerinnt!
7 Pinienkerne, Bärlauch, Schmand, Joghurt und Quark im Mixer fein pürieren und mit Salz, Pfeffer und Zitronenschale würzen. Die Gelatine ausdrücken, in einem kleinen Topf bei geringer Hitze auflösen, mit 1 EL der Joghurt-Quark-Masse glatt rühren und diese unter die restliche Joghurt-Quark-Masse rühren. Alles erkalten lassen und kurz vor dem Stocken die Sahne unter die Terrinenmasse heben.
8 Eine passende kleine Form mit den blanchierten Bärlauchblättern leicht überlappend auslegen, so dass die Blätter etwas über den Rand hinausragen. Die Terrinenmasse einfüllen und die Bärlauchblätter darüber schlagen. Die Terrine im Kühlschrank erkalten lassen.
9 Die Himbeeren waschen und abtropfen lassen. 20 Himbeeren für die Garnitur beiseite legen, die übrigen Beeren mit den restlichen Zutaten zu einer sämigen Sauce aufmixen.
10 Zum Servieren die Mousse mit der Folie aus der Form nehmen, mit einem hohen Ring oder mit einem Glas vier Portionen ausstechen und jeweils eine auf jeden Teller setzen. Um die Mousse abwechselnd grüne und weiße Spargelspitzen stellen. Die Bärlauchterrine in Scheiben schneiden und jeweils neben der Charlotte anrichten. Die Himbeersauce ringsherum träufeln und alles mit den ganzen Himbeeren garnieren.

Tipp: Dem Kochwasser von grünen Spargel nie Säure zusetzen, die grünen Spitzen würden sich sonst verfärben!

Wenn Sie keine passende, 10 x 10 cm große Form haben, können Sie diese aus mehrfach gefalteter Alufolie leicht selbst herstellen.

Fränkischer Blutwurst-Krautwickel auf roter Zwiebelmarmelade und Apfelkompott

Für die Zwiebelmarmelade:
200 ml Rotwein
50 ml Schwarzer Johannisbeerlikör, etwa Crème de Cassis
1 Knoblauchzehe, geschält
1 Zweig Thymian
$^1/_2$ TL Speisestärke
1 EL Öl
6 rote Zwiebeln, geschält und fein gewürfelt
Salz · frisch gemahlener Pfeffer

Für das Apfelkompott:
1 EL Butter
6 Äpfel (Boskoop oder Braeburn), geschält, geviertelt und Kerngehäuse und Stiel entfernt
1 Schuss Calvados
1 Zweig Rosmarin

Für die Krautwickel:
4 große Blätter Weißkraut · Salz
1 EL Schmalz
150 g fränkische Blutwurst, klein geschnitten
1 kleine Zwiebel, geschält und fein gewürfelt
1 kleiner Apfel, geschält und fein gewürfelt
1 TL frischer Majoran, gehackt
250 g feines Kalbsbrät (beim Metzger vorbestellen)

Ausserdem:
Zahnstocher zum Fixieren
4 kleine Zweige Rosmarin zum Garnieren

1 Für die Zwiebelmarmelade den Rotwein mit dem Likör in einem Topf zum Kochen bringen und in etwa 5 Minuten bei starker Hitze auf ein Viertel reduzieren. Die Knoblauchzehe mit dem Handrücken andrücken und zusammen mit dem Thymian in die Sauce geben. Die Stärke mit etwas Wasser anrühren und in die Sauce einrühren, damit sie leicht bindet.

2 In einer Pfanne das Öl erhitzen, die Zwiebelwürfel darin leicht anschwitzen. Die Sauce durch ein Sieb dazugießen, alles mit Salz und Pfeffer würzen und noch etwa 3 Minuten köcheln lassen. Die Zwiebelmarmelade vom Herd nehmen und über Nacht ziehen lassen.

3 Für das Apfelkompott die Butter in einer Pfanne zerlassen, die Apfelspalten darin kurz anschwitzen und zugedeckt bei geringer Temperatur etwa 15 Minuten köcheln lassen, bis die Äpfel schön weich sind. Anschließend den Calvados und den Rosmarin untermischen. Den Topf vom Herd nehmen und das Kompott 5 Minuten durchziehen lassen. Den Rosmarinzweig wieder entfernen und alles fein pürieren.

4 Für die Krautwickel die Weißkrautblätter in Salzwasser 4 bis 5 Minuten blanchieren, kalt abschrecken und gut abtropfen lassen. Die Blätter auf einem Küchentuch zum Trocknen auslegen und die dicken Blattrippen mit einem Messer flach schneiden.

5 Für die Füllung in einer Pfanne $^1/_2$ EL Schmalz erhitzen, die Blutwurst mit den Zwiebel- und Apfelwürfeln darin kurz anschwitzen und bei mäßiger Temperatur schmelzen lassen. Die Blutwurstmasse mit Majoran würzen, dann zum Abkühlen beiseite stellen.

6 Die Blutwurstmasse in vier gleiche Portionen, das Brät in acht Portionen teilen. Auf jedes Weißkrautblätter ein Teil Brät setzen, daneben ein Viertel der Blutwurstmasse, daneben wieder ein Teil Brät. Die Kohlblätter an den Längsseiten einschlagen, von der schmalen Seite her fest aufwickeln und jeweils mit einem Zahnstocher fixieren.

7 In einer Pfanne mit hitzebeständigem Griff das restliche Schmalz erhitzen und die Krautwickel darin ringsum anbraten, anschließend bei 180 °C im vorgeheizten Ofen in 10 bis 12 Minuten fertig garen.

8 Zum Servieren das Apfelkompott mittig auf Teller geben und jeweils etwas Zwiebelmarmelade rundherum verteilen. Die Krautwickel schräg aufschneiden, auf dem Apfelkompott anrichten und mit Rosmarin garnieren.

Ausgezeichnet

Deutschlands bester Schnapsbrenner sitzt in Mömbris bei Aschaffenburg. Die feinen Edelbrände von Arno Dirker werden regelmäßig mit Gold- und Silbermedaillen ausgezeichnet. Dabei beschränkt sich der Autodidakt, er ist gelernter Zimmermann, nicht nur auf klassische Brände wie Apfel, Birne oder Kirsche – gern versucht er sich auch an ungewöhnlichen Rohstoffen wie etwa Haselnuss, Steinpilz oder Eibe – und immer mit ausgezeichnetem Erfolg.

Auf der Suche nach neuen, aufregenden Geschmacksnuancen lässt er nicht locker. Er will Neues schaffen und so schwebt ihm etwa „ein Geist aus Blüten vor, aus Rosen zum Beispiel, so etwas wie Parfüm zum Trinken" – „das wär's!"

Original Blaue Zipfel

Für den Sud:

$^1/_4$ l Weißweinessig
300 ml trockener Weißwein, etwa Silvaner
je 1 gute Prise Salz und Zucker
3 Gewürznelken
3 Lorbeerblätter
10 Pfefferkörner
10 Wacholderbeeren
$^1/_4$ TL Senfkörner
3 große Zwiebeln, geschält und in Ringe geschnitten
3 dünne Scheiben Knollensellerie, geschält und gewürfelt oder in Rauten mit 1 cm Kantenlänge geschnitten
1 große Möhre, geschält und in feine Scheiben geschnitten

Nach Belieben:

50 g Champignons, geputzt und geviertelt

Außerdem:

4 Paar fränkische grobe, rohe Bratwürste

1 Für den Sud 1 l Wasser mit dem Essig, dem Wein, Salz, Zucker und den Gewürzen aufkochen und 10 Minuten köcheln lassen. Die Zwiebelringe zufügen und in etwa 5 Minuten weich garen. Anschließend die Selleriewürfel oder -rauten, Möhrenscheiben und Champignonviertel (siehe Tipp) in den Sud geben und etwa 5 Minuten darin köcheln lassen.

2 Den Sud vom Herd nehmen und kurz abkühlen lassen. Die Bratwürste in den Sud geben und etwa 10 Minuten darin ziehen lassen.

Tipp: Dazu gibt es klassisch fränkisches Bauernbrot (Kümmellaib).

Die Pilze sind kein echtes Muss, gehören jedoch je nach Region in den Sud und werden vor allem noch in alten Rezepten erwähnt.

Wallerfilet unter der Meerrettichhaube auf Apfel-Kartoffel-Gemüse und knuspriger Rote Bete

Für den Waller:
170 g weiche Butter
1 kleine Möhre, geschält und fein gewürfelt
1 dünne Scheibe Knollensellerie, geschält und fein gewürfelt
1 Schalotte, geschält und fein gewürfelt
1 Scheibe Toastbrot (ohne Rinde), $^1/_2$ cm groß gewürfelt
60 g Meerrettich aus dem Glas
1 kleines Bund Dill, die Spitzen abgezupft und fein gehackt
2 EL Zitronensaft
Salz · frisch gemahlener Pfeffer
Semmelbrösel nach Bedarf
4 Wallerfilets, je 200 g
etwas Butterschmalz

Für das Apfel-Kartoffel-Gemüse:
8 große festkochende Kartoffeln, geschält und gewürfelt
$^1/_2$ l Apfelsaft
3 große Äpfel (Boskoop), geschält, vom Kerngehäuse befreit und gewürfelt
Saft von $^1/_2$ Zitrone
1 EL Butter
2 Schalotten, geschält und fein gewürfelt
1 Prise Zucker
1 TL Speisestärke
1 kleiner Zweig Rosmarin
Salz · frisch gemahlener Pfeffer
frisch geriebene Muskatnuss
einige frische Majoranblättchen

Für die Roten Bete:
2 Rote Bete, gekocht und geschält (siehe Tipp)
Salz · frisch gemahlener Pfeffer
etwas Mehl · 1 Ei · 2 EL Milch
60 g grobe, helle Weißbrotbrösel
20 g helle Sesamsamen
Butterschmalz zum Ausbacken

1 Für den Waller zunächst die Meerrettichkruste herstellen. Dafür 1 EL Butter in einem Topf zerlassen und die Möhren-, Sellerie- und Schalottenwürfel darin hell anschwitzen, dann vom Herd nehmen und kühl stellen.

2 Die restliche weiche Butter in einer Schüssel schaumig schlagen. Die Brotwürfel untermischen, den Meerrettich, das angeschwitzte Gemüse sowie den Dill unterrühren. Alles mit 1 EL Zitronensaft, Salz und Pfeffer abschmecken. Sollte die Masse zu weich sein, noch ein wenig Semmelbrösel unterrühren. Die Masse in eine mit Klarsichtfolie ausgelegte Form geben und kalt stellen.

3 Inzwischen für das Apfel-Kartoffel-Gemüse die Kartoffeln in Apfelsaft einlegen und die Apfelwürfel mit Zitronensaft beträufeln. Die Butter in einem Topf zerlassen und die Schalotten darin glasig dünsten. Den Zucker zugeben und alles unter Rühren karamellisieren. Die Kartoffeln aus dem Saft nehmen, kurz mit anschwitzen, mit dem Apfelsaft ablöschen und etwa 5 Minuten köcheln, bis sie fast weich sind. Die Kartoffeln aus dem Sud nehmen und beides beiseite stellen.

4 Die Rote-Bete-Knollen vierteln, in Spalten schneiden, salzen und pfeffern. Zum Panieren das Mehl in einen tiefen Teller schütten. Das Ei mit der Milch in einem zweiten Teller verquirlen und die Brotbrösel mit dem Sesam in einem dritten Teller mischen. Die Rote Bete erst in Mehl, dann der Eiermilch und schließlich in der Brot-Sesam-Mischung wenden. Das Butterschmalz in einer hochwandigen Pfanne erhitzen und die Roten Bete darin knusprig ausbacken. Herausnehmen, auf Küchenpapier abtropfen lassen und warm halten.

5 Wallerfilets kalt abspülen, trockentupfen und eventuell vorhandenes sichtbares Fett entfernen. Den Fisch mit dem restlichen Zitronensaft, Salz und Pfeffer würzen. In einer Pfanne etwas Butterschmalz erhitzen und den Fisch darin von beiden Seiten kräftig anbraten. Herausnehmen und die Fischfilets auf ein beschichtetes, ungefettetes Backblech setzen. Von der kalten Meerrettich-Masse Scheiben abschneiden, die Wallerfilets damit belegen und bei 200 °C im vorgeheizten Ofen 5 bis 8 Minuten überbacken.

6 Inzwischen das Apfel-Kartoffel-Gemüse fertig stellen. Dafür den Kartoffelsud mit etwas angerührter Speisestärke binden, kräftig aufkochen lassen, den Rosmarin zufügen und alles mit Salz, Pfeffer und Muskat abschmecken. Die Apfelwürfel roh zu den gekochten Kartoffeln geben. Den heißen Sud durch ein Sieb über das Gemüse gießen, und alles mit Majoran würzen.

7 Die Wallerfilets aus dem Ofen nehmen. Das Apfel-Kartoffel-Gemüse auf Teller verteilen, mit je einem Wallerfilet belegen und die knusprigen Roten Bete dazu servieren.

Tipp: Rote Bete erst nach dem Garen schälen, sie bluten sonst beim Kochen aus. Vor dem Garen die Rote-Bete-Knollen waschen, von Wurzeln und Blättern befreien und 45 bis 60 Minuten in leicht gesalzenem Wasser kochen. Es gibt gekochte Rote Bete jedoch auch vakuumverpackt zu kaufen.

Wenn Sie kein beschichtetes Blech haben, können Sie auch ein Backblech mit Backpapier oder Alufolie auslegen.

Gebackener Karpfen „Nürnberger Art“ mit Sahne-Meerrettich

2 küchenfertige Karpfen, je 400 bis 500 g, vom Fischhändler längs halbiert
Salz · frisch gemahlener Pfeffer
1 Msp. edelsüßes Paprikapulver
etwas Mehl
1–2 EL Butterschmalz
30 g Butter

Für die Marinade:
1 l Pilsener Bier
10 Wacholderbeeren
3 Gewürznelken
20 Pfefferkörner
1 TL Senfsaat
2 Lorbeerblätter

Für den Sahne-Meerrettich:
1 kleiner Apfel (Boskoop), geschält, gerieben und mit 1 EL Zitronensaft beträufelt
1 EL frisch geriebener Meerrettich
200 ml Sahne, steif geschlagen
etwas Zitronensaft
Salz · frisch gemahlener Pfeffer
gehackte Dillspitzen nach Belieben

1 Die Karpfenhälften unter fließendem kaltem Wasser abspülen und trockentupfen. Eine Marinade aus den angegebenen Zutaten rühren und in eine Form geben. Die Fische darin einlegen und mindestens 24 Stunden im Kühlschrank marinieren.

2 Die Fische aus der Marinade nehmen, mit Küchenpapier trockentupfen und mit Salz, Pfeffer und Paprikapulver würzen. Die Karpfenhälften jeweils auf der Hautseite mit etwas Mehl bestäuben, überschüssiges Mehl abklopfen.

3 In einer Pfanne mit hitzebeständigem Griff das Butterschmalz erhitzen und die Karpfenhälften darin auf der Hautseite anbraten. Anschließend wenden und die Fische bei 160 °C im vorgeheizten Ofen in etwa 20 Minuten fertig braten, dabei wiederholt mit dem Bratfett übergießen.

4 In der Zwischenzeit den Sahne-Meerrettich vorbereiten: Dafür den geriebenen Apfel sowie den Meerrettich nach und nach unter die Schlagsahne heben. Kühl stellen.

5 Die Karpfenhälften aus der Pfanne nehmen und das Bratfett abgießen. Die Butter in der Pfanne zerlassen, die Karpfenhälften wieder hineingeben und mit der zerlassenen Butter beträufeln.

6 Den Sahne-Meerrettich mit Zitronensaft, Salz, Pfeffer und nach Belieben etwas Dill abschmecken.

7 Die Karpfenhälften mit dem Sahne-Meerrettich auf vorgewärmten Tellern anrichten und nach Belieben Kartoffeln dazureichen.

Tipp: Klassisch werden dazu in Butter geschwenkte Salzkartoffeln serviert.

Begehrte Kartoffel

Bamberger Hörnle, eine kleine, festkochende, leicht rosaschalige alte Kartoffelsorte, stehen wegen ihres leicht nussigen Geschmacks bei Feinschmeckern hoch im Kurs. Die Kartoffeln sind wegen ihres hohen Pflegeaufwands und der niedrigen Erträge deutlich teurer als andere Sorten und deshalb ein echtes Liebhaberprodukt.

In der traditionellen Bamberger Küche adeln die Hörnle den Festtags-Kartoffelsalat. In der fränkischen Regionalküche werden sie, in Butter geschwenkt, sowohl zu Fisch- und Fleischgerichten als auch zu Gemüse, ganz besonders natürlich zu fränkischem Spargel, serviert.

Rehrücken, auf Rebholz gebraten, mit Pastinaken-Püree und schwarzen Walnüssen

Schwarze Walnüsse:
1 kg grüne (unreife) Walnüsse (siehe Tipp)
50 ml Walnussöl
600 g Zucker
1 l Weißwein
150 ml Weinessig
10 cl Walnussgeist oder Mandellikör, etwa Amaretto

1 Die grünen Nüsse mit einer spitzen Gabel mehrfach einstechen (mit Gummihandschuhen arbeiten, da die Gerbsäure hartnäckige Flecken hinterlässt!) und 10 bis 12 Tage in Wasser einlegen, dabei das Wasser täglich ein- bis zweimal wechseln. Anschließend die Nüsse oben und unten glatt schneiden und quer halbieren.
2 Das Öl in einem Topf erhitzen, den Zucker zufügen und unter Rühren karamellisieren lassen. Den Topf von der Kochstelle ziehen und alles mit Weißwein ablöschen. (Tipp beachten!) Den Topf wieder auf den Herd stellen, die Nüsse zufügen und in etwa 15 Minuten bissfest kochen, dann herausnehmen. Den Essig zugießen und den Sud einkochen lassen, bis er eine sirupartige Konsistenz hat, anschließend mit Walnussgeist oder Mandellikör verfeinern. Die Nüsse wieder in den Sirup geben, kurz aufkochen lassen, alles heiß in vorbereitete Gläser füllen und luftdicht verschließen.
3 Die eingelegten Walnüsse vor der Verwendung mindestens 4 Monate durchziehen lassen! Sie passen besonders gut zu Wildgerichten, aber auch zu Ziegenkäse.

Für das Pastinaken-Püree:
1 EL Butter
2 Schalotten, geschält und gewürfelt
1/2 Knoblauchzehe, geschält und gewürfelt
1 kg Pastinaken, geschält und gewürfelt
Salz · frisch gemahlener Pfeffer, frisch geriebene Muskatnuss
150 ml Gemüse- oder Geflügelfond
100 ml Milch

Für den Rehrücken:
800 g Rehrücken ohne Knochen
grobes Meersalz
frisch gemahlener Pfeffer
2 EL Olivenöl
5 Zweige getrocknetes Rebholz, jeweils etwa 10 cm lang (siehe Tipp)

1 Für das Pastinaken-Püree die Butter in einem Topf zerlassen und die Schalotten- und Knoblauchwürfel darin glasig andünsten. Die Pastinaken zufügen, kurz mitdünsten und mit Salz, Pfeffer und Muskat würzen. Den Gemüse- oder Geflügelfond angießen und die Pastinaken in etwa 30 Minuten weich kochen. Anschließend die Milch zufügen und kurz einkochen lassen.
2 In der Zwischenzeit den Rehrücken sorgfältig parieren, das heißt die silbrige Haut und alle Sehnen entfernen.
3 Das Fleisch mit Meersalz und Pfeffer würzen. In einer Pfanne das Olivenöl erhitzen und den Rehrücken ringsum kurz anbraten, damit sich die Poren schließen. Das Fleisch auf ein Backblech legen und bei 220 °C etwa 4 Minuten im vorgeheizten Ofen braten. Den Rehrücken heraus und vom Blech nehmen. Das Rebholz auf das Blech legen, den Rehrücken darauf setzen und das Fleisch noch einmal für 8 Minuten in den heißen Ofen schieben. Anschließend die Ofentür öffnen und den Rehrücken bei offener Tür noch 5 Minuten ruhen lassen.
4 Inzwischen die Pastinaken durch ein Sieb abgießen, dabei den Fond auffangen. Das Gemüse im Mixer fein pürieren, zurück in den Topf geben und so viel Fond unterrühren, dass das Püree eine sämige Konsistenz erhält.
5 Zum Servieren den Rehrücken aufschneiden und mit dem Püree und einigen schwarzen Walnüssen servieren.

Tipp: Erntezeit für grüne Walnüsse ist Mitte Juni bis Mitte Juli. Die Kerne dürfen noch nicht ausgereift sein! Am besten testen: Wenn sich die Nüsse mit einem Messer leicht durchschneiden lassen, sind sie richtig.

Achtung: Karamell wird sehr heiß und spritzt leicht bei Flüssigkeitszugaben! Daher ist es besser, den Wein nach und nach zugießen und nicht umzurühren. Die entstandenen Karamell-Klumpen lösen sich beim anschließenden Kochen der Nüsse von selbst wieder auf.

Durch das Rebholz bekommt der Rehrücken eine schöne dezente Räuchernote. Sie können ihn aber natürlich auch ohne Rebholz zubereiten. Die Garzeit bleibt dann die gleiche.

Lammrücken im Heu-Salzteig mit Schnippel-Bohnen und gratinierten Kartoffeln

Für den Kartoffelgratin:
6–8 festkochende Kartoffeln
1 EL Butter für die Form
100 ml Milch · 100 ml Sahne · 1 Ei
Salz · frisch gemahlener Pfeffer
frisch geriebene Muskatnuss

Für den Salzteig:
1 Hand voll gewaschenes, getrocknetes Wiesenheu (siehe Tipp)
40 g Salz, 1 Knoblauchzehe, abgezogen
1 Zweig Rosmarin · 1 Zweig Thymian
3 Gewürznelken · 3 Wacholderbeeren
20 Korianderkörner · 10 Pfefferkörner
10 Pimentkörner
250 g Mehl · 1 Eiweiß

Für das Bohnengemüse:
500 g breite grüne Bohnen
Salz · etwas Bohnenkraut
1 EL Olivenöl
50 g durchwachsener Speck, fein gewürfelt
1 kleine Schalotte, geschält und fein gehackt
frisch gemahlener Pfeffer
frisch geriebene Muskatnuss

Für den Lammrücken:
1 Knoblauchzehe, abgezogen und halbiert
1–2 EL Öl
600–800 g Lammrücken ohne Knochen (sauber pariert)

Ausserdem:
1 TL Öl für das Backblech

1 Die Kartoffeln schälen, in feine Scheiben schneiden und dachziegelartig in eine feuerfeste, gebutterte Form legen. Die Milch mit Sahne und Ei verquirlen und mit Salz, Pfeffer sowie Muskat würzen. Die Eiermilch über die Kartoffeln gießen, so dass sie vollständig bedeckt sind und das Gratin bei 200 °C im vorgeheizten Ofen etwa 1 Stunde garen, bis die Oberfläche goldbraun ist.

2 Für den Teig das Heu mit Salz, Knoblauch, Kräutern und Gewürzen im Mixer zerkleinern. Das Mehl untermischen und alles mit 50 ml Wasser und dem Eiweiß zu einem festen Teig verkneten. Den Teig in Klarsichtfolie einschlagen und 30 Minuten kühl stellen.

3 Inzwischen die Bohnen waschen, putzen und in reichlich Salzwasser mit dem Bohnenkraut 4 bis 6 Minuten kochen. Abgießen, das Bohnenkraut entfernen und die Bohnen schräg in schmale Streifen schneiden (schnippeln), dann beiseite stellen.

4 Für den Lammrücken den Salzteig dünn ausrollen. Sollte der Teig noch zu krümelig sein und sich nicht gut ausrollen lassen: einfach noch etwas Wasser unterarbeiten, dann wird er geschmeidiger. Eine Pfanne mit der Knoblauchzehe ausreiben, das Öl erhitzen und den Lammrücken darin ringsum anbraten. Das Fleisch aus der Pfanne nehmen, mit Küchenpapier abtupfen und fest in den Salzteig einschlagen, dabei die Teigenden gut andrücken. Den Lammrücken im Heu-Salzteig auf ein gefettetes Backblech legen und bei 220 °C im vorgeheizten Ofen 10 bis 12 Minuten backen. Anschließend den Ofen ausschalten und den Lammrücken bei geöffneter Ofentür noch 5 bis 10 Minuten ruhen lassen.

5 Inzwischen das Bohnengemüse fertig stellen: Dafür in einer Pfanne das Olivenöl erhitzen und den Speck darin knusprig braten. Die Schalottenwürfel zugeben, glasig andünsten und die Bohnen untermischen. Das Bohnengemüse in 5 bis 6 Minuten fertig garen und mit Salz, Pfeffer und Muskat abschmecken.

6 Zum Anrichten den Lammrücken aus dem Ofen nehmen, den Teig entfernen und das Fleisch schräg in Scheiben scheiden. Den Lammrücken mit den Schnippel-Bohnen und dem Kartoffelgratin auf vorgewärmten Tellern anrichten und servieren.

Tipp: Natürlich ist frisches Wiesen-Heu nicht immer zu bekommen. Es gibt jedoch eine gute Alternative: Im Zoohandel ist abgepacktes Heu erhältlich, etwa „VitaVerde Frisches Alpen-Wiesenheu“. Gelegentlich ist es auch im Bio-Supermarkt zu bekommen. Als Variante zum Heu können Sie entsprechend mehr Rosmarin oder Thymian für den Salzteig verwenden.

Die süßesten Kirschen ...

Der Kirschen-Anbau in Franken beruht auf einer langen Tradition. Ein Spaziergang durch blühende Kirschgärten, beispielsweise auf der Kalchreuther Höhe bei Erlangen, lockt im Frühjahr zahlreiche Besucher an. Das mehr als 1700 ha große Gebiet gehört zum ältesten und größten zusammenhängenden Anbaugebiet Europas für Süßkirschen.

Zur Erntezeit säumen zahlreiche Verkaufsstände die Straßen. Im Kirschgartencafé in Kalchreuth kann man die heimischen Früchte in Form hausgemachter Kuchen und Torten genießen.

Kartäuserklöße mit Weinschaumsauce

Für die Klösse:

4 Brötchen vom Vortag, vorzugsweise Milchbrötchen
2 Eier
$^1/_4$ l Milch
50 g Vanillezucker
1 schwache Prise Salz
2–3 EL Semmelbrösel
3 EL Butterschmalz
50 g Zimtzucker

Für die Weinschaumsauce:

3 Eier
70 g Zucker
200 ml trockener fränkischer Weißwein
1 Spritzer Zitronensaft

1 Die Rinde der Brötchen auf einer feinen Reibe abreiben und beiseite stellen. Die Eier mit der Milch, Vanillezucker und Salz verquirlen. Die Brötchen für 15 Minuten darin einlegen, bis sie vollständig durchweicht sind.

2 Die Brötchen aus der Eiermilch nehmen und vorsichtig mit den Händen ausdrücken. Die abgeriebene Rinde der Brötchen mit den Semmelbröseln vermischen, die ausgedrückten Brötchen darin wenden und die Brösel leicht andrücken.

3 In einem hohen Topf das Butterschmalz erhitzen und die Klöße darin etwa 5 Minuten schwimmend ausbacken. Herausnehmen, die Karthäuserklöße auf Küchenpapier kurz abtropfen lassen und in Zimtzucker wenden.

4 Für die Weinschaumsauce 2 Eier trennen. Das Eiweiß zu steifem Schnee schlagen und kühl stellen. Das Eigelb zusammen mit dem ganzen Ei, Zucker, Wein und Zitronensaft in eine Edelstahlschüssel geben und auf einem heißen Wasserbad mit dem Schneebesen schaumig schlagen. Die Weinschaumsauce vom Wasserbad nehmen, etwas abkühlen lassen und den Eischnee unterziehen.

5 Die Weinschaumsauce in tiefe Teller gießen, die Kartäuserklöße darauf anrichten und servieren.

Tipp: Dieses Rezept war ursprünglich ein typisch fränkisches „Arme-Leute-“ beziehungsweise „Fasten-Essen“ – nicht nur bei den Mönchen aus der Astheimer Kartause!

Kanonendonner und Feuerwerk

Prächtiger Höhepunkt des Stadtlebens in Rothenburg ob der Tauber sind die jährlich stattfindenden Reichsstadt-Festtage. Die zum 700-jährigen Jubiläum der Reichsstadterhebung ins Leben gerufenen Festspiele finden alljährlich im September statt und locken mit ihren zahlreichen Historiengruppen, Fackelzügen, grandiosen Feuerwerken, Konzerten und historischen Szenen aus sieben Jahrhunderten zahlreiche Besucher in die Stadt an der Romantischen Straße. Mehr als 1.000 historisch gekleidete Laienschauspieler inszenieren Mittelalter und verwandeln die Altstadt in eine einzige große Freilichtbühne.

Gebackene Hollerküchle mit Hagebutten-Rahm-Eis

Für das Eis:
2 Eier
1 Eigelb
20 g Zucker
200 ml Sahne
200 g Hagebuttenkonfitüre (Hiffenmark)
1 cl Wodka oder weißer Rum, etwa Bacardi
1 EL Zitronensaft

Für die Hollerküchle:
4–8 Holunderblütendolden, je nach Größe
100 g Mehl
160 ml Milch
25 g Zucker
1 Ei

Außerdem:
reichlich Pflanzenfett zum Ausbacken
Puderzucker zum Bestäuben

1 Eier, Eigelb und Zucker in einer Edelstahlschüssel vermischen und auf einem heißen Wasserbad cremig aufschlagen. Inzwischen die Sahne in einem kleinen Topf aufkochen und nach und nach unter die Eigelbmasse rühren. Alles etwa 1 Minute weiter rühren, bis die Creme dickflüssig zu werden beginnt.

2 Die Schüssel vom Wasserbad nehmen und die Creme durch ein feines Sieb passieren. Die Hagebuttenkonfitüre unterrühren und die Creme mit Wodka oder weißem Rum und Zitronensaft abschmecken und abkühlen lassen. Die kalte Creme in eine Eismaschine füllen und gefrieren lassen. Alternativ die Creme zum Gefrieren in einer Schüssel ins Tiefkühlgerät stellen und gelegentlich umrühren, bis alles durchgefroren ist. Das dauert 3 bis 4 Stunden.

3 Für die Hollerküchle die Holunderblütendolden kurz in eine Schüssel mit kaltem Wasser legen, dabei vorsichtig hin- und herschwenken und die Blüten anschließend auf einem sauberen Küchentuch zum Trocknen auslegen. Mehl, Milch und Zucker zu einem glatten Teig verrühren und 20 bis 30 Minuten quellen lassen. Anschließend das Ei unter den Teig rühren.

4 In einem hohen Topf das Fett erhitzen. Die gut abgetropften Holunderblütendolden einzeln durch den Teig ziehen und im heißen Fett in 2 bis 3 Minuten goldbraun ausbacken.

5 Die Hollerküchle auf Küchenpapier kurz abtropfen lassen, mit Puderzucker bestäuben und zusammen mit dem Hagebutten-Rahm-Eis servieren.

Rezeptregister

Alle Rezepte im Buch sind für 4 Portionen berechnet.

Adressenverzeichnis

Die genannten Feste, Veranstaltungen und Sehenswürdigkeiten erheben keinerelei Anspruch auf Vollständigkeit.
Informationen über das komplette Angebot bei den jeweiligen Tourismusverbänden.

Bayern-Tourismus, Infos für ganz Bayern:
www.bayern.by

Biersommelier Bernhard Sitter:
www.gut-riedelsbach.de

OBERBAYERN

Thomas Thielemann
Wirtshaus zum Herrmannsdorfer Schweinsbräu
Herrmannsdorf 7, 85625 Glonn
Telefon 08093/909445
www.schweinsbraeu.de

Tourismusverband Oberbayern:
www.oberbayern.de

Amort, Fischer am Königssee:
www.fischervomkoenigssee.de
Apfelmarkt, Bad Feilnbach:
www.feilnbach.de
Bauernhofmuseum Schliersee-Neuhaus:
www.wasmeier.de
Berggasthof Neureuth:
www.dullinger-web.de
Biergarten Mühlenpark, Garching:
Mühlgasse 48, 85748 Garching
Bräustüberl, Schönram:
www.brauerei-schoenram.de
Buchheim-Museum der Phantasie:
www.buchheimmuseum.de
Erdinger Weißbier: www.erdinger.de
Gut Kaltenbrunn: www.gutkaltenbrunn.de
Herzogliches Bräustüberl, Tegernsee:
www.braeustueberl.de
Hofbräuhaus, Freising:
www.hofbrauhaus-freising.de
Hopfengold, Kräuterlikör:
www.hallertauer-hopfengold.de
Hopfenmuseum, Wolnzach:
www.hopfenmuseum.de
Kaltenberger Ritterturnier:
www.ritterturnier.de
Kloster Andechs: www.andechs.de
Kloster Benediktbeuern:
www.kloster-benediktbeuern.de
Kocherlball, München: www.muenchen.de
Lantenhammer, Destillerie:
www.lantenhammer.de
Leonhardifahrt, Bad Tölz: www.bad-toelz.de
Nockherberg: www.nockherberg.com
Oktoberfest: www.oktoberfest.de
Ruethenfest, Landsberg:
www.ruethenfest.de
Schlossbrauerei Kaltenberg:
www.kaltenberg.de
Schmalznudel/Café Frischhut:
Prälat-Zistl-Straße 8, 80331 München
Schönramer Bier:
www.brauerei-schoenram.de
Seeprozession, Seehausen:
www.seehausen-am-staffelsee.de
Taubenmarkt, Wasserburg:
www.kleintierzuchtverein-wasserburg.de
Tölzer Kasladen: www.toelzer-kasladen.de
Unterwirt, Chieming:
www.unterwirt-chieming.de
Verein gegen betrügerisches Einschenken:
www.vgbe.de
Viktualienmarkt: www.muenchen.de
Weihenstephan, Brauerei:
www.brauerei-weihenstephan.de
Weihenstephan, Fachhochschule:
www.fh-weihenstephan.de
Winklfischerei, Prien:
Forellenweg 28, 83209 Prien
Wolnzacher Volksfest:
www.markt-wolnzach.de

OSTBAYERN

Leopold Schuster
Landgasthaus Schuster
94078 Freyung-Ort
Telefon 08551/7184
www.landgasthaus-schuster.de

Tourismusverband Ostbayern:
www.ostbayern-tourismus.de

Basilika-Konzerte, Waldsassen:
www.pfarreiwaldsassen.de
Bayerisches Schnapsmuseum, Hauzenberg-Jahrdorf: Industriestraße 18, 94051 Hauzenberg-Jahrdorf
Berchinger Rossmarkt, Berching:
www.berching.de
Burgfestspiele Leuchtenberg, Leuchtenberg: www.stadtbuehne.de
Cafe-Prinzess, Regnsburg:
www.cafe-prinzess.de
Cave Gladium, Furth im Wald:
www.cave-gladium.de
Comedia Musicale, Landshut:
www.landshuter-hochzeit.de/ verein/ comedia_musicale.
Doktor-Eisenbarth-Festspiele, Oberviechtach: www.doktor-eisenbarth.de
Drachenmuseum, Furth im Wald:
www.drachenmuseum.de
Festspiele Europäische Wochen, Passau:
www.ew-passau.de
Further Drachenstich, Furth im Wald:
www.drachenstich.de
Gäubodenfest, Straubing:
www.gaeubodenvolksfest.de
Geisterwanderungen, Nittenau:
www.nittenau.de
Gillamoos, Abensberg: www.gillamoos.de
Glasstraße: www.dieglassStrasse.de
Goldene Sonne, Landshut:
www.goldenesonne.de
Goldhauben, Passau:
www.Goldhauben.de
Händlmaier Senf, Regensburg:
www.haendlmaier.de
„Hussenkrieg“ Burgfestspiele, Neunburg vorm Wald: www.neunburgvormwald.de
Kloster Metten: www.kloster-metten.de
Kloster Niederalteich:
www.abtei-niederaltaich.de
Kloster Plankstetten:
www.kloster-plankstetten.de
Kloster Waldsassen:
www.abtei-waldsassen.de
Kloster Weltenburg: www.weltenburger.de
Kuchlbauer-Brauerei, Abensberg:
www.kuchlbauer.de
Lammsbräu, Neumarkt:
www.lammsbraeu.de
Landshuter Hochzeit, Landshut:
www.landshuter-hochzeit.de
Nationalpark Bayerischer Wald:
www.nationalpark-bayerischer-wald.de
Nationalpark Sumava:
www.nationalpark-sumava.de
Oberpfälzer Freilichtmuseum, Neusath-Perschen:
www.freilandmuseum.org
Passionsspiele, Perlesreut:
www.perlesreut.de
Pichelsteinerfest, Regen:
www.pichelsteinerfest.com
Plinganser, Rottal-Inn: www.rottal-inn.de
Rote Amsel, Kallmünz:
www.zur-roten-amsel.de

Scharfrichterhaus, Passau:
www.scharfrichter-haus.de
Schloss Egg, Bernried:
www.schloss-egg.de
Schloss Wolfstein, Freyung:
www.freyung.de
Schmalzlerfest, Perlesreut:
www.perlesreut.de
Tilly-Fest, Breitbrunn: www.tillyfest.de
Trenckfestspiele, Waldmünchen:
www.trenckfestspiele.de
Waldkirchner Dreschersuppe:
www.waldkirchen.de
Weiße Brauhaus, Kehlheim:
www.schneider-weisse.de
Wolfgang Bachmeier, Buchlberg,
www.ooox.de/pilzseminar
Wurstkuchl, Regensburg:
www.wurstkuchl.de

SCHWABEN | ALLGÄU

Tobias Eisele
Schreiegg's Post
Postgasse 1+2, 86470 Thannhausen
www.schreieggs-post.de

Tourismusverband Bayerisch Schwaben:
www.bayerisch-schwaben.de
Tourismusverband Allgäu:
www.allgaeu.de

Allgäuer Bierbad:
www.post-brauerei-nesselwang.de
Allgäuer Brauhaus, Kempten:
www.allgaeuer-brauhaus.de
Allgäuer Festwoche, Kempten:
www.festwoche.com
Alpe Starkatsgund:
www.allgaeu-ausfluege.de
Ankerbrauerei, Nördlingen:
www.ankerbrauerei.de
Bio-Metzger Anton Steiner, Nesselwang:
Füssener Straße 21, Nesselwang
Buzentanz, Lindau:
www.narrenzunft-lindau.de
Colomansritt, Schwangau:
www.schwangau.de
Fischerfest, Memmingen:
www.fischertagsverein.de
Frundsbergfest, Mindelheim:
www.frundsbergfest.de
Fuggerei, Augsburg: www.fugger.de
Fuggerschloss Babenhausen:
www.touristinfo-babenhausen.de
Hirnbein-Museum, Missen-Wilhams:
Hauptstr. 45, 87547 Missen-Wilhams
Historisches Stadtmauerfest, Nördlingen:
www.noerdlingen.de
Jakober Kirchweih, Augsburg:
www2.augsburg.de
Kaiserfest, Füssen: www.kaiserfest.de
Käthe-Kruse-Puppenmuseum, Donauwörth:
www.stadt-donauwoerth.de
Katzbrui-Mühle, Köngetried:
www.katzbrui-muehle.de
Kloster Irrsee, Brauereimuseum:
www.irseerklosterbraeu.de
Kneipp-Bund e.V., Bad Wörishofen:
www.kneippbund.de
Kräuter-Alp Schneider, Oberstaufen-Steibis:
www.kraeuteralp.de
Mess und Mass, Speiden-Eisenberg:
http://barockkirchen.de/speiden
Mindelburg, Mindelheim:
www.mindelheim.de
Münchhof, Hofladen, Lindau:
www.muenchhof.com
Obere Mühle, Schaukäserei, Bad Oberdorf:
www.obere-muehle.de
Postwirt, Nesselwang:
www.post-brauerei-nesselwang.de
Reichsstraßenfest, Donauwörth:
www.stadt-donauwoerth.de
Rieskrater-Museum, Nördlingen:
www.rieskratermuseum.de
Romantische Straße:
www.romantischestrasse.de
Salober Alm: www.saloberalm.de
Schloss Vöhlin, Illertissen:
www.illertissen.de
Stabenfest, Nördlingen:
www.noerdlingen.de
Staudengärtnerei Gaissmayer, Illertissen:
www.gaissmayer.de
Tänzelfest, Kaufbeuren:
www.taenzelfest.de
Wallensteinfestspiele, Memmingen:
www.wallenstein-mm.de
Wasta Wildspezialitäten, Füssen:
www.wasta.de
Weinfestival Komm und See:
www.kommundsee.de
Westallgäuer Käsestraße:
www.westallgaeuer-kaesestrasse.de

FRANKEN

Klaus Dill
Romantik Hotel Zur Schwane
Hauptstraße 12, 97332 Volkach/Main
Telefon 09381/80660
www.schwane.de

Tourismusverband Franken:
www.frankentourismus.de

Annafest, Forchheim:
www.anna-fest.de
Arno Dirker, Edelbrennerei, Mömbris:
www.dirker.de
Bayerischer Jagdfalkenhof, Tambach:
Am Wildpark1, 96479 Tambach
Bergwallfahrt, Kreuzberg:
www.bistum-wuerzburg.de
Bier- und Burgenstraße:
www.bierundburgenstrasse.de
Bio-Ziegenhof Mandel, Herpersdorf:
www.ziegenhof.de
Bocksbeutelstraße:
www.bocksbeutelstrasse.de

Fortsetzung nächste Seite

Fortsetzung Adressenverzeichnis:

Brauereimuseum, Kulmbach:
www.bayerisches-brauereimuseum.de
Burg Lauenstein, Ludwigsstadt:
www.schloesser.bayern.de
Burgfest, Hilpoltstein:
www.hilpoltstein.de
Christkindlesmarkt, Nürnberg:
www.christkindlesmarkt.de
Confiserie Lauenstein, Ludwigsstadt:
www.lauensteiner.de
Delikatessen-Manufaktur Bergler-Fischer, Roden: www.bergler-fischer.de
Dreifrankenstein, Schlüsselfeld:
www.fraenkische-schweiz.com
Festung Marienberg, Würzburg:
www.mainfraenkisches-museum.de
Fischbachsmühle, Confiserie:
www.lauensteiner.de
Fischerstechen, Bamberg:
www.fischerzunft-bamberg.de
Iphöfer Weinfreundschaft, Iphofen:
www.weinfreundschaft.de
Kinderzeche von Dinkelsbühl:
www.kinderzeche.de
Kloster Kreuzberg: www.kreuzbergbier.de
Kreuzgangspiele, Feuchtwangen:
www.kreuzgangspiele.de
Kulmbacher Bierwoche:
www.kulmbacher.de
Malzfabrik Weyermann, Bamberg:
www.weyermann.de
Meerrettich-Museum, Baiersdorf:
Judengasse 11, 91083 Baiersdorf
Reichsstadt-Festtage, Rothenburg ob der Tauber: www.rothenburg.de
Reichswaldfest, Nürnberg:
www.unser-nuernberg.de
Rokoko-Festspiele, Ansbach:
www.rokoko-festspiele.de
Romantische Straße:
www.romantischestrasse.de
Sandkerwa, Bamberg:
www.sandkerwa.de
Schloss Tambach, Coburg:
www.wildpark-tambach.de
Walberla-Kirchweih, Kirchehrenbach:
www.fraenkischer-albverein.de
Würzburger Weindorf:
www.weindorf-wuerzburg.de

Danksagung:
Der Autor bedankt sich bei seiner Frau Maité für ihre tatkräftige Unterstützung sowie bei den vier grandiosen Köchen, die mit ihren Rezepten dieses Buch adeln. Dank auch an Ulrike Schillo von Bayern Tourismus Marketing. Schließlich ein herzlicher Dank auch den vielen Tippgebern aus ganz Bayern, für die stellvertretend der Bezirksheimatpfleger von Niederbayern, Dr. Maximilian Seefelder, genannt werden soll.

Anregungen und Hinweise sind jederzeit willkommen:
info@seehamer. de oder Postfach 61, D-83629 Weyarn
Besuchen Sie uns auch im Internet: www.seehamer.de

Buch- und Text-Idee: Alexander Herzog, Freising
Konzeption und Redaktion: Seehamer Verlag
Lektorat: Katrin Wittmann, w & w, Füssen
Gestaltung und Satz: Bine Cordes, Weyarn
Fotos: Titelbild oben Monika Geßl, München;
Titelbild unten sowie alle weiteren Rezeptfotos
Eising FoodPhotography/Martina Görlach, München;
Foto Seite 13 oben und Seite 24 Bayern Tourismus Bildarchiv;
Foto Seite 32 IMAGO87;
Foto Seite 81 oben Touristikverband Lindau-Westallgäu;
alle übrigen Fotos Seehamer Verlag
Foodstyling: Eising FoodPhotography/ Michael Koch, München
Lithographie: MMintec, Miesbach
Druck und Bindung: L.E.G.O., Vicenza, Italia
ISBN 978-393405897-2